Christian Nowak

Cuxland

45 MIKROABENTEUER

ZUM ENTDECKEN UND GENIESSEN

360° medien

IMPRESSUM

Cuxland

45 MIKROABENTEUER ZUM ENTDECKEN UND GENIESSEN

Christian Nowak

Nachtigallenweg 1 I 40822 Mettmann
360grad-medien.de

Redaktion und Lektorat: Christine Walter

Satz und Layout: Elke Gräfe

Gedruckt und gebunden:
LD Medienhaus GmbH & Co. KG I Feldbachacker 16 I 44149 Dortmund
www.ld-medienhaus.de

Bildnachweis: siehe Seite 248

ISBN: 978-3-96855-303-0
Hergestellt in Deutschland

360grad-medien.de

Vorwort

Schon meine Eltern waren von Cuxhaven begeistert. Doch nur selten konnten sie sich für das sommerliche Strandleben begeistern, ihre Jahreszeit war der Herbst. Die Strandkörbe waren da schon längst im Winterquartier und die hochauflaufenden, schäumenden Nordseewellen ließen vom Sandstrand oft genug kaum noch etwas übrig. Es war die Zeit zum Pilze sammeln im Wernerwald, für Wattwanderungen mit kalten Füßen oder in dicke Decken eingepackt mit dem Wattwagen nach Neuwerk zu fahren. Ein Ausflug zu den Wahrzeichen Cuxhavens, der Kugelbake und der Alten Liebe stand immer auf dem Programm, hin und wieder auch eine Fahrt über die raue See nach Helgoland. Und wenn die elegante „Hanseatic" am Steubenhöft festmachte, kamen wir mit den Massen zur Begrüßung, denn damals waren Kreuzfahrtschiffe noch etwas Besonderes.

So wurde die Recherche zu diesem Buch zur Spurensuche nach Kindheits- und Jugenderinnerungen, führte aber auch zu vielen Neuentdeckungen, vor allem im Hinterland der Küste. Auf den ersten Blick hat sich architektonisch in den letzten Jahrzehnten wenig verändert, noch immer fallen Bausünden der Nachkriegszeit, wie die Hochhäuser am Strand von Sahlenburg, ins Auge.

Doch das touristische Angebot ist mittlerweile so vielfältig und abwechslungsreich, dass für jeden Geschmack etwas dabei ist. Fisch spielt auf der Cuxhavener Fischmeile, in den Sielhäfen der Wurster Nordseeküste und im Bremerhavener Schaufenster Fischereihafen die Hauptrolle. Museen informieren über den Deichbau, die Wattfischerei, die Zementindustrie in Hemmoor, die Dichter Joachim Ringelnatz und Johann Heinrich Voß und die Geschichte Otterndorfs. Neben den Museen zählt auch die Altstadt von Otterndorf wegen ihrer sanierten Fachwerkhäuser zu den schönsten Zielen des Cuxlandes.

Von der Zeit, als Ozeandampfer noch im Liniendienst nach Amerika fuhren und die Menschen zu Zigtausenden in eine neue Heimat auswanderten, erzählen der Amerikabahnhof und die Hapag-Hallen. Kurios und zum Schmunzeln sind das Muschelmuseum in Wremen, das Pinguin-Museum im Cuxhavener Lotsenviertel und das Buddelmuseum mit seinen Tausenden fantasievollen Schnapsflaschen in dem wunderschönen Ort Osten. Für kunstgeschichtlich Interessierte sind die Kirchen in Loxstedt, Lüdingworth und Osten ein lohnendes Ziel. Wer lieber Zeit in der Natur verbringt, kann zu Fuß oder mit dem Rad Heide, Geest, Marsch, Salzwiesen und Wattenmeer erkunden oder einen Spaziergang durch den Wernerwald machen und dabei die Lungen mit frischer Seeluft füllen.

Dies und noch einiges mehr bieten die 45 Mikroabenteuer des Cuxlandes. Alle können Sie in Tageausflügen von den Seebädern Döse, Duhnen oder Sahlenburg erkunden, wenn Sie mal keine Lust auf Sonne, Sand und Strandkorb haben – oder, was auch mal vorkommt – Schietwetter herrscht.

Christian Nowak

Inhaltsverzeichnis

Wattenmeer bei Sahlenburg

Hinweise: Während der Recherche zu diesem Buch änderten Lokale und Besucherattraktionen aufgrund der Corona-Pandemie immer wieder ihre Arbeitsweise. Darum wurde bei den Service-Informationen auf die Angabe von Öffnungszeiten, Preisen etc. verzichtet. Allen Reisenden im Cuxland sei empfohlen, sich aktuell vor Ort bzw. auf den aufgeführten Internetseiten zu informieren.

Aus Gründen der besseren Lesbarkeit wird auf eine geschlechtsneutrale Differenzierung verzichtet. Entsprechende Begriffe gelten im Sinne der Gleichbehandlung grundsätzlich für alle Geschlechter. Die verkürzte Sprachform beinhaltet keine Wertung.

Willkommen im Cuxland

Der Landkreis Cuxhaven ist flächenmäßig einer der größten Deutschlands und schiebt sich wie ein Keil in die weiten Mündungstrichter von Weser und Elbe. Im Westen ragt das Stadtgebiet von Bremerhaven in das Kreisgebiet. Vor der Küste liegt die Insel Neuwerk, die zu Hamburg gehört.

Der Begriff Cuxland wurde von der Tourismuswerbung erfunden und deckt sich weitgehend mit dem Landkreis. Er ist ein Kunstwort ohne historische Wurzeln und wird besonders oft von der Stadt Cuxhaven, den Seebädern Sahlenburg, Döse und Duhnen, der Wurster Nordseeküste sowie der Stadt Otternburg verwendet. Unter dem Begriff Cuxland liefert Google knapp 300.000 Treffer. Maskottchen und Werbefiguren vom Cuxland sind Jan Cux, ein Männchen mit blonden Haaren, blauer Kleidung und blauer Pudelmütze, und Cuxi, ein Mädchen mit roten Haaren und rotweißer Kleidung.

Wurster Küste

Das Cuxland wurde in diesem Buch in sieben Regionen eingeteilt: das Stadtgebiet von Cuxhaven, die Seebäder Döse, Duhnen und Sahlenburg, die Wurster Nordseeküste, Otterndorf und Umgebung, das Gebiet entlang der Oste, Bad Bederkesa und Umgebung sowie Bremerhaven und Umgebung, das eigentlich nicht zum Cuxland gehört.

Nordsee bedeutet für die meisten Ferien, Sand, Sonne, Salzwasser, Wattenmeer, lecker Fisch essen, sich vom Wind durchpusten und die Seele baumeln lassen. Die Weite des Himmels und der endlose Horizont werden zum faszinierenden Naturschauspiel.

Kann man im Sommer Sonne und Strandleben genießen, zeigt die Nordsee im Herbst gerne ihre wilde Seite, der Wind heult, das Wasser schäumt und die Flut steigt höher als sonst.

So hat die Nordsee seit Jahrtausenden unberechenbar Küstenlinien verändert, Inseln zerstört und Inseln geschaffen. Seit es Aufzeichnungen gibt, wird von großen Fluten berichtet, die mal 10.000, mal 100.000 Menschen in den Tod rissen, wie die beiden „Grote Mandrenken" von 1362 und 1634. Viele andere Fluten wurden meist nach dem jeweiligen christlichen Tagesheiligen oder Feiertag benannt: die Luciaflut, die Marcellusflut, die Allerheiligenflut oder die Weihnachtsflut gingen in die Annalen ein.

Einst siedelten die Menschen auf mühsam aufgeschütteten Erdhügeln, den Wurten, und waren den Sturmfluten ziemlich hilflos ausgeliefert. Dann begannen sie die ganze Küstenlinie mit immer höheren Deichen zu sichern. Selbst in jüngerer Zeit nicht immer erfolgreich, wie die Sturmflut von 1962 zeigte. Vor allem an den Unterläufen von Weser und Elbe, den noch ungesicherten Nebenflüssen und in Hamburg kam es damals zu schweren Schäden und Todesopfern. Im Stadtgebiet von Cuxhaven brach der Deich in Duhnen, Teile des Hafens und des Bahnhofs standen unter Wasser und in Sahlenburg drang das Wasser nördlich des Wernerwaldes weit ins Land ein.

Die Küste rund um Cuxhaven und das Hinterland zählen zu den abwechslungsreichsten Landschaften an der gesamten Nordsee. Unweit des Meeres findet man hier so verschiedene Landschaftsformen wie Küstenheiden, Salzwiesen, Moore, Wälder, Marsch und Geest.

Küstenheiden erstrecken sich von Duhnen bis nach Oxstedt, sie bestehen aus einem Mosaik aus ausgedehnten Heiden, Magerrasen, kleinen Heidemooren und Eichen-Niederwäldern und stehen zum Großteil unter Naturschutz. Weitere charakteristische Pflanzen sind Zwergsträucher wie die Krähenbeere und die Glockenheide. Diese Heideflächen entstanden erst im Mittelalter durch die großflächige Rodung für den Deich- und Schiffbau sowie die Besiedlung der holzarmen Marschen. Heute werden die Heiden mit Schafen, Ziegen, Heckrindern und Wildpferden beweidet, um eine Verbuschung zu verhindern.

Salzwiesen liegen im Übergangsbereich zwischen Land und Wattenmeer. Durch Eindeichung sind in den letzten Jahrhunderten allerdings viele Salzwiesen verloren gegangen. Dadurch verschwinden auch viele Tiere und Pflanzen, die sich durch unterschiedliche Strategien wie Salzausscheidung oder Wassereinlagerung an diesen extremen Lebensraum angepasst haben. Der Duhner Heide ist eine Salzwiese vorgelagert, die durch Landgewinnung in den 1930er-Jahren entstanden ist. Bei Sturmfluten wirken Salzwiesen wie ein Wellenbrecher und schützen so die Deiche. Für Vögel sind sie ein wichtiger Rast- und Ruheplatz und dürfen deshalb ganzjährig nicht betreten werden. Im Winter trifft man hier Gänse an, im Sommer heimische Küsten- und Wiesenvögel wie Austernfischer, Kiebitze, Rotschenkel, Brandenten und Seeschwalben.

Cuxhavener Strand

Marschland entstand durch die Ablagerung von Sedimenten entlang der Küste und im Tidebereich der Flüsse. Die Böden sind schwer und fruchtbar, liegen aber nur wenig über dem Niveau des Meeres und müssen deshalb durch Deiche geschützt werden. Charakteristisch für die baumlose Marsch sind die Entwässerungsgräben, die sie durchziehen. Erst durch die Entwässerung konnte Marschland intensiv landwirtschaftlich genutzt werden. Im Cuxland gibt es zwei große Marschgebiete, im Land Wursten und Land Hadeln, die durch den Geestrücken Hohe Lieth getrennt werden.

Die Geest entstand vor rund 100.000 Jahren durch Gletscher aus dem Norden, die Gestein und Erde vor sich herschoben und diese im norddeutschen Raum ablagerten. So entstand die Hohe Lieth, ein in Nord-Süd-Richtung von Bremerhaven bis Cuxhaven verlaufender Geestrücken. Auf seinem Boden konnte sich – im Gegensatz zur Marsch – nur eine karge Vegetation entwickeln. Durch Rodung der Eichen-Birken-Wälder und Weidenutzung entstanden in der leicht welligen Landschaft schließlich Heiden und Äcker, die aber bei Weitem nicht so ertragreich wie die in der Marsch waren.

Am Südwestende des Wernerwaldes liegt das kleine, unscheinbare, nur knapp fünf Hektar große Deemoor, ein Niedermoor, das als einziges kein reines Süßwassermoor ist. Das Finkenmoor in Sahlenburg, ebenfalls ein Niedermoor, ist ein beliebtes Ausflugsziel. Weiter im Landesinnern befinden sich teilweise größere Moorgebiete wie das Aßbütteler Moor bei Wanna, das Ahlenmoor am Dahlemer See, das Westerseiter Hochmoor beim Flögelner See und das Dorumer Moor bei Sievern.

Der vom Menschen verursachte Klimawandel führt zu einem Anstieg des Meeresspiegels, was auch das Wattenmeer betrifft. Vor allem die Salzwiesen sind betroffen, die einerseits Lebensraum für viele Tiere und Pflanzen bieten, anderseits auch zum Küstenschutz beitragen. Würden sie dauerhaft überflutet, verlören sie diese Funktionen.

„Natur Natur sein lassen“ ist das Ziel aller Nationalparks, so auch des Nationalparks Wattenmeer. Dieser besteht aus drei Teilen, dem schleswig-holsteinischen Wattenmeer (gegründet 1985), dem niedersächsischen Wattenmeer (gegründet 1986) und dem hamburgischen Wattenmeer (gegründet 1990). Nach Norden schließt sich der dänische Nationalpark Wattenmeer und nach Westen mehrere niederländische Nationalparks in Küstennähe an. Somit steht das gesamte Küstengebiet zwischen Esbjerg in Dänemark und Den Helder in den Niederlanden unter Schutz, seit 2009 führt die UNESCO das Wattenmeer als Weltnaturerbe.

Top 10

DER SEHENSWÜRDIGKEITEN IM CUXLAND

1 **Kugelbake:** Ihre Vorgänger wurden mehrmals durch Sturmfluten zerstört. Heute ruht Cuxhavens Wahrzeichen auf einem massiven Fundament aus Granitblöcken, das auch den stärksten Stürmen trotzt. Für Auswanderer, die früher von Cuxhaven mit dem Schiff nach Amerika aufbrachen, war der Anblick der Kugelbake die letzte Erinnerung an ihre Heimat. Zudem hat das Seezeichen an einem der meistbefahrenen Seewege der Welt unzähligen Schiffen den Weg gewiesen. Zur Orientierung brannte hier früher nachts ein Feuer, heute hat Radar diese Funktion übernommen. So ist die Kugelbake nur noch ein beliebtes Ausflugsziel, das unter Denkmalschutz steht, den nördlichsten Punkt Niedersachsens kennzeichnet und die Grenze zwischen Nordsee und Elbe markiert.

2 **Museum Windstärke 10:** „Nordsee ist Mordsee" ist nicht nur ein Filmtitel, denn in der Deutschen Bucht sind im Laufe der Jahrhunderte Tausende Schiffe verunglückt, die Gewässer vor Cuxhaven sind ein einziger Schiffsfriedhof. Im Museum werden alle Sinne angesprochen, man erlebt die harte Arbeit an Bord eines Fischdampfers, man erfährt vom Untergang des Auswandererschiffes „Cimbria", bei dem 437 Menschen ums Leben kamen und auch die Geschichte des einzigen Überleben-

den des Kleinen Kreuzers „Cöln", der 76 Stunden in der Nordsee trieb, wird realitätsnah geschildert. Alle Extreme der Seefahrt wie Orkane, haushohe Brecher und Katastrophen kann man im Museum miterleben und das Schicksal der Betroffenen nachempfinden. *windstaerke10.net*

3 **Altstadt von Otterndorf:** Die idyllische Altstadt von Otterndorf, die sich zu beiden Seiten des kleinen Flusses Medem ausbreitet, zählt zu den schönsten im Cuxland. Enge Gassen und viele schöne alte Fachwerkhäuser, die teilweise noch aus dem 17./18. Jahrhundert stammen, prägen das Ortsbild. Das Rathaus wurde 1583 erbaut, der barocke Fachwerk-Anbau mit schönen Wand- und Deckenmalereien stammt von 1685. Die Lateinschule von 1614 und der Bull'sche Speicher sind weitere Baudenkmale, ebenso wie die hoch aufragende Kirche St. Severi. Auch mit Barockfassaden wie dem Kranichhaus, in dem heute das Museum des Landes Hadeln untergebracht ist, schmückt sich Otterndorf. *otterndorf.de*

4 **Neuwerk:** Die kleine Insel Neuwerk liegt vor Cuxhaven mitten im Nationalpark Hamburgisches Wattenmeer und ist schon vom Festland an ihrem trutzigen Turm zu erkennen. Politisch gehört die Insel zum 120 Kilometer entfernten Hamburg.

Von der Aussichtsplattform des 700 Jahre alten Leuchtturmes genießt man einen weiten Blick über das Wattenmeer. Auf einem Tagesausflug wird man wegen des kurzen Inselaufenthalts kaum mehr als die Leuchtturmbesteigung und einen kurzen Spaziergang schaffen. Wer Ruhe sucht und die Gezeiten hautnah erleben möchte, kann sich in einer der Pensionen einquartieren. Hin und wieder werden im Sommer Wattwanderungen zur Vogelinsel Scharhörn angeboten. *cuxhaven-neuwerk.de/insel-neuwerk/insel-neuwerk.html*

5 **Helgoland:** „Grün ist das Land, rot ist die Kant, weiß ist der Sand. Das sind die Farben von Helgoland", prägnanter kann man die Insel kaum beschreiben. Gemeint sind damit das rote Kliff, das sich bis zu 60 Meter aus dem Meer erhebt und mit sattgrünem Gras überzogen ist, sowie die vorgelagerte Badedüne, die mit feinsandigen weißen Stränden lockt. Die meisten kommen nur für ein paar Stunden und düsen dann wieder zurück aufs Festland. Schade, denn das besondere Flair Helgolands erlebt man erst, wenn die Tagestouristen weg sind. Dann kann man in aller Ruhe Vogelfelsen, Hummerbuden und Sandstrände

genießen. Der Golfstrom beschert der Insel die mildesten Winter Deutschlands, ein gutes Argument für einen Besuch in der Nebensaison. *helgoland.de*

6 **Glückstadt:** Wie wäre es mit einem Abstecher nach Schleswig-Holstein? Mit der Fähre von Wischhafen sind es nur 25 Minuten nach Glückstadt. „Dat schall glücken und dat mutt glücken, un dann schall se ok Glückstadt heten" – So lautete der Plan vom Glück, als der dänische König Christian IV. 1617 den ersten Grundstein für die Stadt vor den Toren Hamburgs legen ließ. Bis heute ist die historische Altstadt fast unverändert erhalten geblieben. Das Zentrum bildet der Marktplatz mit dem Rathaus im Stil der Spätrenaissance und der Glückstädter Kirche. Nicht versäumen sollte man auch einen Spaziergang entlang der denkmalgeschützten Häuserzeile am Hafen. Kulinarische Spezialität ist der Glückstädter Matjes, der weit über die Stadtgrenzen hinaus bekannt ist. *glueckstadt-tourismus.de*

7 **Aeronauticum Nordholz:** Das Marineflieger- und Luftschiffmuseum bietet Einblicke in die historische und technische Entwicklung der Luftschifffahrt sowie der See- und Marinefliegerei. Die Dauerausstellung in der Museumshalle ist unterteilt in „Fliegen leichter als Luft" und „Fliegen schwerer als Luft". Im Ersten Weltkrieg war Nordholz Marineluftschiffplatz, die Ausstellung zeigt die zivile und militärische Nutzung von Luftschiffen. In der Abteilung Schwerer als Luft wird die technische Entwicklung der See- und Marineflieger seit 1913

gezeigt. Auf dem 36.000 Quadratmeter großen Außengelände kann man sich 18 Objekte, die von den Marinefliegern seit 1956 genutzt wurden – teils auch von innen –, anschauen. *aeronauticum.de*

8 **Wattwandern und Wattwagenfahrt:** Das Wunder, wie sich das Meer bei Ebbe zurückzieht und den schier endlosen grausilbern schimmernden Meeresboden freilegt, ist jedes Mal genauso faszinierend wie die Flut, die alles wieder überspült. Von Duhnen und Sahlenburg sind Wege durchs Watt bis nach Neuwerk mit Pricken markiert. Schauen Sie in den Tidenkalender und laufen Sie ein Stück hinaus ins Watt, am besten barfuß, denn das Gefühl, den Schlick zwischen den Zehen zu spüren, gehört zum Wattwandern dazu. Bis Neuwerk brauchen Sie rund drei Stunden, Hin- und Rückweg sind deshalb während einer Ebbe nicht zu schaffen. Kehren Sie rechtzeitig um, die Flut kommt schneller als Sie denken! Einzigartig an der gesamten Nordseeküste sind die Wattwagenfahrten mit zwei PS bis nach Neuwerk. Auf den hohen Wagen kommt man trocken durch die Priele, hat rund eine Stunde Aufenthalt auf der Insel und fährt dann wieder zurück. Bequemer und sicherer kann man das Wattenmeer nicht erleben. *wattwagen-cux.de*

9 **Havenwelten:** Mit dem Projekt Havenwelten, einem maritim geprägten Stadtviertel, hat Bremerhaven den Wandel von der Industriestadt zum Touristenmagneten geschafft. Im Bereich des Alten und Neuen Hafens gibt es mehrere hochkarätige Museen, das Deutsche Schifffahrtsmuseum, das Deutsche Auswandererhaus und das Klimahaus Bremerhaven 8° Ost. Der kleine Themenzoo präsentiert vor allem Tiere, die sich im Norden, in der Kälte oder im Wasser wohlfühlen. Das segelförmige Atlantic Hotel Sail City sieht nicht nur spektakulär aus, von der Aussichtsplattform bietet sich ein ebensolcher Ausblick.
dah-bremerhaven.de, klimahaus-bremerhaven.de, dsm.museum, zoo-am-meer-bremerhaven.de, atlantic-hotels.de/hotel-sail-city-bremerhaven

10 **Wattrennen in Duhnen:** Schon seit 1902 wird das Pferderennen auf dem Meeresgrund ausgetragen. Alljährlich Mitte Juli treffen sich mehr als 150 Galopper und Traber zu einem weltweit einzigartigen Turf-Spektakel. In zwölf Rennen auf dem Rundkurs im Wattenmeer geht es um Sieg und Platz und natürlich um Prämien. Gezockt werden kann selbstverständlich auch, wenn es sein muss sogar in Bikini und Badehose. Nach sechs Stunden ist alles vorbei, dann holt sich die Flut das Geläuf zurück. Der Meeresgott Neptun, Jan Cux und Cuxi solwie ein opulentes Rahmenprogramm gehören zu jedem Wattrennen in Duhnen dazu. *duhner-wattrennen.de*

Kurioses und Besonderheiten

IM CUXLAND

✓ Das Wattenmeer ist ein Eldorado für Hobbyornithologen, ist regelmäßiger Rastplatz für Millionen von Zugvögeln auf der Durchreise, aber auch für Dauergäste. Mit etwas Geduld sind Austernfischer, Kormorane, Sandregenpfeifer, Eiderenten, Löffelreiher, Brandgänse, Nonnengänse, Ringelgänse und natürlich verschiedene Möwenarten zu beobachten. Die sehen nicht alle aus, als ob sie „Emma" heißen, wie Christian Morgenstern dichtete. Aber wer ihren eleganten Flug beobachtet, fühlt sich vielleicht an die letzte Strophe seines „Möwenliedes" erinnert: „O Mensch, du wirst nie nebenbei / der Möwe Flug erreichen. / Wofern du Emma heißest, sei / zufrieden, ihr zu gleichen".

Silbermöwe

Im Watt wimmelt es von Leben. Unscheinbar und doch allgegenwärtig ist der Wattwurm, den man an seinen unzähligen Kothäufchen erkennen kann. Wenn der Wattführer die Ursache der Häufchen erklärt, ist ihm ein „Igitt" sicher. Doch es sind tatsächlich nur Sandhäufchen, denn der Wattwurm frisst Sand, filtert dabei die organischen Stoffe heraus und scheidet den verdauten Sand wieder aus. Bis zu 25 Kilogramm Sand frisst ein einziger Wurm im Jahr. Wenn es nur 40 Tiere pro Quadratmeter gibt, passiert der gesamte Sand des Wattenmeeres bis zu einer Tiefe von 20 Zentimetern einmal im Jahr den Verdauungstrakt der Würmer.

Der Genuss mindestens eines Krabbenbrötchens gehört zu jedem Nordseeurlaub. Nimmt man es genau, dann befinden sich zwischen den Brötchenhälften aber gar keine Krabben, sondern Nordseegarnelen oder Granat. Auch unlogisch: Die werden mit Krabbenkuttern gefangen – und nicht mit Garnelenkuttern. Früher ein Arme-Leute-Essen sind die kleinen Tiere heute eine teure Delikatesse, denn ihr Fang ist aufwendig und die Bestände dezimiert. Und dann müssen sie noch gepult werden. Das ist immer noch Handarbeit, Maschinen packen das nicht. Deshalb werden die Nordseegarnelen gerne in Lkw verladen, teilweise bis nach Marokko gebracht, dort wegen der günstigen Löhne gepult und dann zurück nach Deutschland gefahren. Deshalb lieber gekochte Garnelen direkt vom Kutter kaufen und sie selbst pulen – umweltbewusster und leckerer geht nicht.

Teuer aber lecker – Krabbenbrötchen

Früher war Pannfisch ein Resteessen, mittlerweile findet man ihn auf jeder Speisekarte, oft auch in hochpreisigen Restaurants. Was vom Seefisch am Tage übrig blieb, wurde am Abend zusammen mit Speck und Ei zu einem Omelett verarbeitet – und fertig war ein nahrhaftes Essen. Heute nimmt man keine Fischreste, sondern beste Filets von Kabeljau, Seelachs, Scholle, Heilbutt oder Seezunge, je nach Region und Angebot. Bratkartoffeln sind eine beliebte Beilage, aber längst kennt die Fantasie an Zubereitungsarten und Beilagen keine Grenzen mehr.

Der gut 300 Hektar große Wernerwald – benannt nach seinem Begründer, dem Hamburger Amtsverwalter Charles Anthony Werner – ist eines der ganz seltenen Waldgebiete an der deutschen Nordseeküste und liegt zudem in unmittelbarer Nähe des Wattenmeeres. Der ausgelaugte Heideboden und der salzhaltige Seewind ließen anfangs nur wenige Nadelbaumarten wachsen, die Schwarzkiefer konnte den harten Bedingungen am besten trotzen. Mittlerweile sind mehr als 130 Jahre seit dem Beginn der Aufforstung vergangen, der Boden hat sich in dieser Zeit verbessert, sodass mittlerweile auch anspruchsvollere Laubbäume im Wernerwald wachsen.

Wernerwald

✓ Im Jahr 1903 kam Kaiser Wilhelm II. auf seiner Jacht nach Cuxhaven, um sich die Kaiserregatta nach Helgoland anzuschauen. Aus diesem Anlass kreierte der Cuxhavener Konditormeister Gustav Schleyer für ihn die Helgoländer Eistorte. Das Rezept wurde über die Jahre weitergereicht und landete schließlich bei der Familie Itjen, die in und um Cuxhaven mehrere Konditoreien betreibt und die Spezialität bis heute anbietet. Die Torte besteht aus Baiserböden, gefrorener Sahne, gehackten Pistazien und Keksrollen. Mit ein wenig Fantasie erkennt man die Farben von Helgoland: „Grün ist das Land, rot ist die Kant, weiß ist der Sand."

Blick vom Geestkliff auf die vorgelagerten Salzwiesen

✓ Einmalig an der deutschen Nordseeküste ist der Küstenabschnitt zwischen Duhnen und Berensch, denn hier reicht die Geest bis an das Wattenmeer heran. Durch die Brandung entstand im Laufe von Jahrtausenden eine bis zu acht Meter hohe Abbruchkante, ein sogenanntes Geestkliff, das auf mehr als sechs Kilometer Länge einen Deich überflüssig macht. So kann man in Sahlenburg auf der Strandpromenade flanieren und kein Deich versperrt die Sicht auf das Wattenmeer und die vorgelagerte Insel Neuwerk. Allerdings ist im Ortsbereich die Geestkante nicht hoch genug, um alle Sturmfluten abzuhalten und so schwappt das Wasser hin und wieder bis in den Campingplatz. Deshalb gibt es schon seit Jahren Pläne, die Geestkante durch einen Deich zu erhöhen.

SCHWEDEN
DÄNEMARK
Ostsee
Nordsee
Kiel
SCHLESWIG-
HOLSTEIN
MECKLENBURG-
VORPOMMERN
HAMBURG
Schwerin
BREMEN
BRANDENBURG
POLEN
NIEDERSACHSEN
BERLIN
Hannover
Potsdam
Magdeburg
NORDRHEIN-
WESTFALEN
SACHSEN-
ANHALT
Düsseldorf
SACHSEN
Dresden
Erfurt
THÜRINGEN
HESSEN
RHEINLAND-
PFALZ
Wiesbaden
Mainz
TSCHECHIEN
SAARLAND
BAYERN
Stuttgart
FRANKREICH
BADEN-
WÜRTTEMBERG
München
ÖSTERREICH
SCHWEIZ

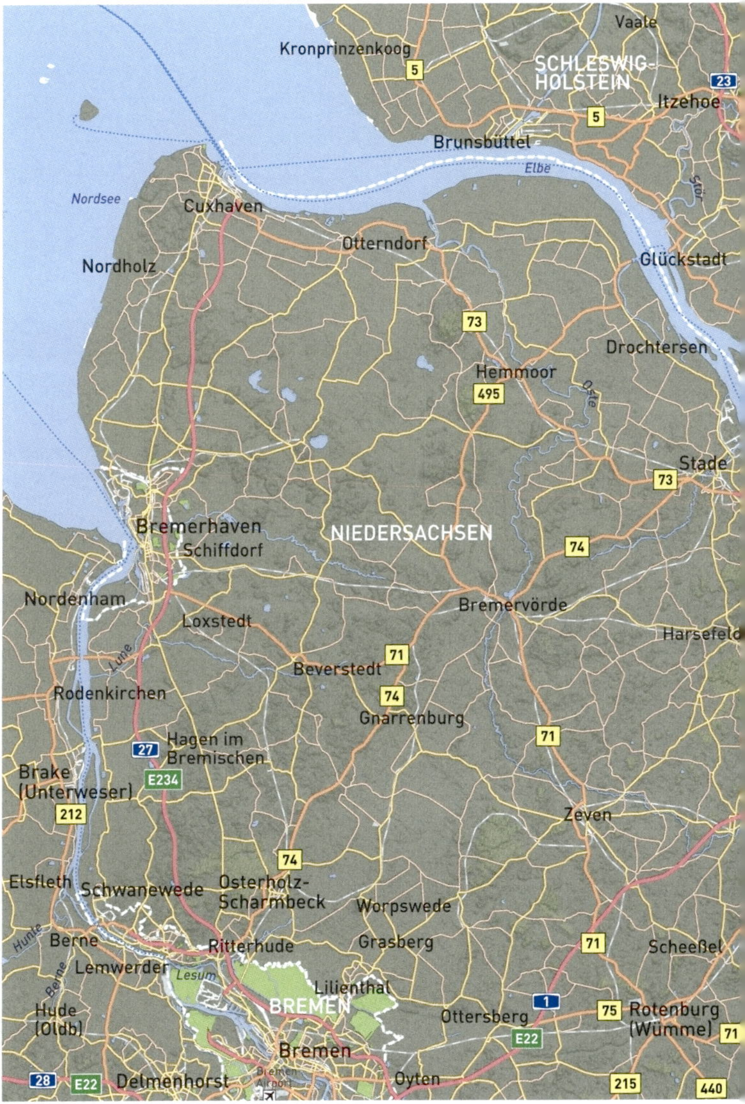
Vaale
Kronprinzenkoog
SCHLESWIG-HOLSTEIN
Itzehoe
Brunsbüttel
Elbe
Nordsee
Cuxhaven
Otterndorf
Stör
Glückstadt
Nordholz
Drochtersen
Hemmoor
Oste
Stade
Bremerhaven
Schiffdorf
NIEDERSACHSEN
Nordenham
Bremervörde
Loxstedt
Harsefeld
Lune
Beverstedt
Rodenkirchen
Gnarrenburg
Hagen im Bremischen
Brake (Unterweser)
Zeven
Elsfleth
Schwanewede
Osterholz-Scharmbeck
Worpswede
Hunte
Berne
Ritterhude
Grasberg
Scheeßel
Lemwerder
Lesum
Lilienthal
BREMEN
Hude (Oldb)
Ottersberg
Rotenburg (Wümme)
Bremen
Delmenhorst
Oyten

Stadtgebiet von Cuxhaven

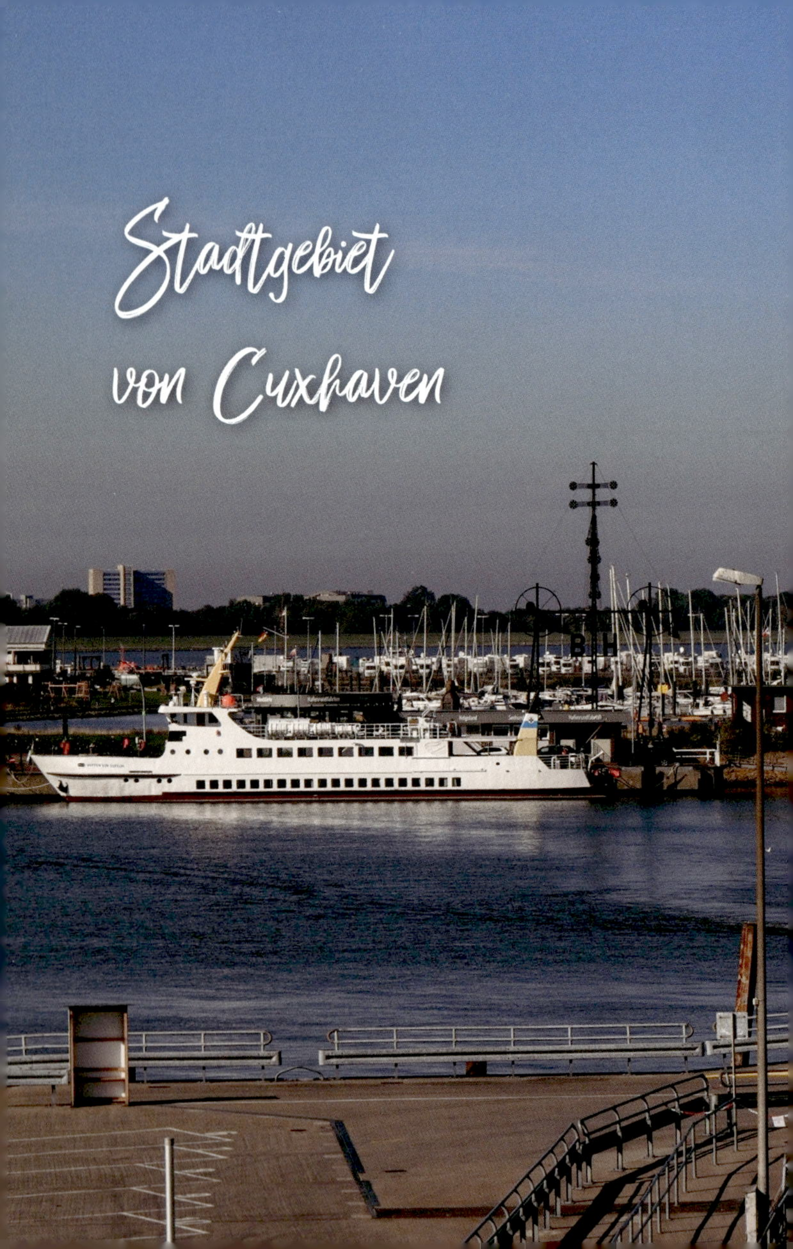

Alte Liebe mit Radarturm und Semaphor

Stadtgebiet von Cuxhaven

1. Alter und Neuer Fischereihafen: Zentrum der Hochseefischerei
2. Alte Liebe: Hafenatmosphäre und Schiffe gucken
3. Hapag-Hallen und Steubenhöft: Aufbruch nach Amerika
4. Schloss Ritzebüttel: vom Wehrturm zum Schloss
5. Joachim-Ringelnatz-Museum: auf den Spuren des Dichters, Malers und Kabarettisten
6. Das Lotsenviertel: Einkaufsquartier mit maritimem Flair
7. Pinguin-Museum: mit Pinguinen ins Guinness-Buch der Rekorde
8. Semaphor: Wind und Wetter vor Borkum und Helgoland

Elbe
Strichweg
H.-Allmers-Str.
Feldweg
Sondergebiet Fährhafen
Amerikahafen
Poststraße
hmsstraße
K.-Adenauer-Allee
Beethovenallee
Abendrothstraße
Bahnhof Cuxhaven
Neufelder Straße
Seehafen Cuxhaven
Meyerstr.
Westerwischw.
Südersteinstr.
Cuxhaven
Süderwisch
73
Neue Industriestraße
Gewerbegebiet Groden
Humphry-Davy-Str.
Papenstraße
Groden
1
2
3
4
5
6
7
8

1 Alter und Neuer Fischereihafen

ZENTRUM DER HOCHSEEFISCHEREI

Es gibt nur wenige Plätze in Deutschland, wo man so guten und frischen Fisch wie in Cuxhaven bekommt. Und der Preis stimmt auch, vor allem in Anbetracht der Qualität. Seit mehr als 100 Jahren wird der Fang im Alten und im Neuen Fischereihafen angelandet und dort verkauft, verladen oder in Kühlhäusern gelagert.

Cuxhaven ist eine Stadt mit maritimem Flair, das spürt man nirgendwo besser als im Alten und im Neuen Fischereihafen. Ein Großteil der Fischhallen steht unter Denkmalschutz, doch sie sind keine Museumsstücke, denn hier löschen tagtäglich die modernsten Trawler und Kutter ihre kostbare Fracht. Im Neuen Fischereihafen werden hauptsächlich Rotbarsch, Kabeljau, Seelachs und Schellfisch, aber auch Seezunge und Scholle gelöscht, im Alten Fischereihafen sind es vor allem Krabben. Obwohl die Zahl der Fischverarbeitungsbetriebe in den letzten Jahren stark zurückgegangen ist, gehört Cuxhaven immer noch zu den größten Fischumschlagplätzen Europas.

Fischmarkt – historisch

Angefangen hat alles im Jahr 1908. Als Cuxhaven noch zu Hamburg gehörte, wurden ein Fischereihafen, ein Eiswerk, ein Fischversandbahnhof und ein Seefischmarkt gegründet. Schon damals legte man viel Wert auf Schnelligkeit, die Fischdampfer löschten ihre Fracht auf der östlichen Hafenseite, dem Meinkenkai, wo sich auch die Auktions- und Packhallen befanden. Danach ging es auf die Westseite zum Nordseekai, um Vorräte und Treibstoff für die nächste Reise zu bunkern und eventuelle Reparaturen durchzuführen. Schon 1921 musste das Hafenbecken des Alten Hafens erheblich erweitert werden; da jedoch ein weiterer Ausbau nicht möglich war,

Hafenmeile

entschloss man sich 1937 zum Bau des Neuen Fischereihafens. Auch dieser wurde schnell zu klein und musste in mehreren Stufen auf die heutige Größe erweitert werden.

Da den Alten Fischereihafen fast nur noch die Krabbenkutter nutzen, macht man sich seit Jahren Gedanken über neue Nutzungskonzepte, die mehr bieten sollen als die heutigen Restaurants, Fischgeschäfte und Outlets. Nach dem Verkauf des Gebietes an einen privaten Investor wurde ein bombastisches Entwicklungsprojekt vorgestellt, eine Vision für Cuxhaven und die Region: „Entlang der restaurierten Kaimauern entsteht ein Ort, der Verbindungen schafft: Stadtleben trifft Naturerlebnis, Tradition trifft Moderne, Kreative treffen auf Geschäftsleute, Cuxhavener und Gäste. Zwischen Kuttern und gläsernem Ausguck begegnen sich Weltgewandtheit und nordische Lebensart. In die salzige Meeresluft mischen sich Kaffeeduft und Schokonoten, wenn Patisserie und Rösterei ihre Auslagen füllen. Und wer sich doch nach herzhaft sehnt, geht mit dem wasserstoffgetriebenen Kutter auf Fangfahrt fürs eigene Krabbenbrötchen." Man darf gespannt sein, ob der Zeitplan eingehalten wird, der für das Frühjahr 2024 den Abschluss des ersten Bauabschnitts und ein großes Hafenfest ankündigt.

Hafenmeile: Restaurant

Trotzdem lohnt sich auch heute schon ein Spaziergang entlang der Hafenmeile, einerseits, um in die Geschichte Cuxhavens als wichtiger Standort der Hochseefischerei einzutauchen und das maritime Flair dieses Ortes zu genießen. Oder einfach nur, um frischen Fisch in allen Variationen zu genießen: Rollmops, Krabben,

Backfisch oder Matjes mal schnell zwischendurch im Brötchen, Seezunge, Kabeljau oder Scholle für die Pfanne daheim einzukaufen oder sich in einem der Restaurants verwöhnen zu lassen.

Info

Lage: Alter Fischereihafen: Präsident-Herwig-Straße, Neuer Fischereihafen: Neufelder Straße, 27472 Cuxhaven

Einkaufen:

- G. F. Wendt: Fischhandel; Niedersachsenstraße Halle X Abt. 89 / 90, 27472 Cuxhaven, *gfwendt.com*
- Appel Feinkost: Werksverkauf; Neufelder Schanze 18, 27472 Cuxhaven, *appel-feinkost.de/unternehmen/werksverkauf.html*
- Bahlsen: Outlet; Präsident-Herwig-Straße Halle V/VI, 27472 Cuxhaven, *bahlsengroup.com/outlets*

Einkehren:

- Fischereihafen Restaurant & Lloyd's: von Pannfisch bis Matjes, aber auch einige Fleischgerichte; Neufelder Straße 11, 27472 Cuxhaven, Tel. 04721 399084, *fischrestaurant-cuxhaven.de*
- Altes Fischkontor: rustikal maritim dekoriertes Fischrestaurant; Präsident-Herwig-Straße 59, Tel. 04721 26601
- Esszimmer: Feine regionale und saisonale Küche mit Blick aufs Hafenbecken; Präsident-Herwig-Straße 31, 27472 Cuxhaven, Tel. 0175 1732474, *esszimmer-cuxhaven.de*

Websites:

- *cuxhaven-fisch.de*
- *afh-cuxhaven.de*

HINWEIS: An der Schnittstelle von Altem und Neuem Fischereihafen befindet sich das Wrack- und Fischereimuseum Windstärke 10, *windstaerke10.net* (siehe Top 10, Nr. 2).

2 Alte Liebe

HAFENATMOSPHÄRE UND SCHIFFE GUCKEN

Wohl jeder Cuxhaven-Besucher kommt irgendwann zum Alten Hafen und zur Alten Liebe. Entsprechend viel Trubel herrscht hier. Ein Restaurant mit großer Terrasse, eine ganze Reihe von Souvenirläden, diverse Angebote für Schiffsausflüge und der Blick von der Alten Liebe auf die großen Schiffe in der Elbmündung bieten für jeden etwas.

Die Alte Liebe ist tatsächlich alt, denn erbaut wurde sie schon 1733 als Wellenbrecher und Schiffsanleger. Über den Ursprung des Namens gibt es mehrere Versionen: Eine besagt, dass ein Segelschiff, die „Olivia", einst an dieser Stelle als Anleger gedient hat, auf Plattdeutsch nannte man sie „Oliv", das hört sich ähnlich an wie „alte Liebe". Häufiger liest man folgende Version: Drei ausrangierte, mit Steinen gefüllte Schiffe wurden versenkt und mit Holzpfählen umgeben. Darunter war die „Liebe" oder „Olivia".

Radarturm

In jedem Fall entstand das Bauwerk, um den Hafen und die Große Bake, die damals hier stand, gegen Sturmfluten zu sichern. Nach diversen Umbauten erhielt die Alte Liebe ihre heutige Form als zweistöckige Aussichtsplattform. Sie ist einer der größten Touristenmagneten Cuxhavens, bei jedem Wetter und zu jeder Jahreszeit. In Richtung Osten geht der Blick in den Alten Hafen, in dem die Ausflugsschiffe nach Neuwerk und zu den Seehundbänken sowie die Hafenrundfahrten starten, und bis zur Hapag-Halle und dem Amerikahafen Steubenhöft. Gen Westen sieht man den Radarturm, den Jachthafen, den Fährhafen und in der Ferne, jenseits der Grimmershörnbucht, die Kugelbake. Nur wenige Schritte entfernt leuchtet der knallrote Rumpf des ehemaligen Feuerschiffes „Elbe 1", das als Museumsschiff besichtigt werden kann, wenn es nicht gerade mit maritimen Nostalgikern auf großer Fahrt ist. Blickt man landwärts, sieht man

Ehemaliges Feuerschiff

Hamburger Leuchtturm

ein weiteres Cuxhavener Wahrzeichen, den 23 Meter hohen Hamburger Leuchtturm, der noch bis 2001 in Betrieb war, mittlerweile aber an einen Privatmann verkauft ist. Der Backstein-Leuchtturm, Baujahr 1803, ist der älteste an der deutschen Nordseeküste und diente als Ersatz für die großen hölzernen Baken, die regelmäßig Stürmen zum Opfer fielen.

Die meisten – Touristen wie Einheimische – kommen zur Alten Liebe vor allem zum Schiffe gucken, denn auch die dicksten Pötte kommen hier bei ihrem Weg von und nach Hamburg oder dem Nord-Ostsee-Kanal so dicht vorbei, dass man dem Kapitän auf der Brücke zuwinken kann. Lange muss man nicht warten, bis ein Schiff passiert, denn die Elbe gehört zu den meistbefahrenen Wasserstraßen der Welt.

Cuxhavens Lage am Weltschifffahrtsweg macht die Stadt und vor allem die Aussichtsplattform zum Treffpunkt der Ship-Spotter, die nach einem der großen Kreuzfahrtschiffe oder den noch grö-

Alte Liebe: Schiffe gucken

ßeren Containerschiffen Ausschau halten. Von April bis Oktober informiert der Schiffsansagedienst über Größe, Herkunft und Ziel der Schiffe. Verantwortlich für diesen Service sind rund zwei Dutzend Fachleute, oft sind es Kapitäne oder Lotsen im Ruhestand, die neben den Fakten auch so manche Anekdote parat haben.

Info

Lage: Bei der Alten Liebe 10, 27472 Cuxhaven

Weitere Aktivitäten:

- Ganzjährig fährt das Seebäderschiff „MS Helgoland" zur Hochseeinsel, im Sommer gelangt man auch mit dem schnellen Katamaran „Nordlicht II" nach Helgoland. Außerdem Fahrten nach Neuwerk und zu den Seehundbänken; *cassen-eils.de*
- Der „Halunder Jet" fährt von April bis Oktober täglich nach Hamburg und Helgoland; *frs-helgoline.de*
- Das Feuerschiff „Elbe 1" war einst schwimmender Leuchtturm, heute dient es von Juli bis Oktober als Museums- und Ausflugsschiff; *elbe-1.de*

Einkehren:

- Restaurant am Pier: gut besuchtes Ausflugslokal mit großer Sonnenterrasse; Am Alten Hafen 4, 27472 Cuxhaven; *ampier.de*

Website: *visitcuxhaven.de/erleben/alte-liebe*

HINWEISE:

- In der Nähe des Radarturmes steht die Skulptur „Vogelflug" des Hadelner Bildhauers Frijo Müller-Belecke.
- Auf dem Unterdeck der Alten Liebe befindet sich die Bronzeskulptur „Die Schöne aus Niedersachsen" von Dr. Farouk Dehne.
- Die Schiffspositionen auf der Elbe bei Cuxhaven gibt es auch online: *schiffsansagedienst-cuxhaven.de*

3 Hapag-Hallen und Steubenhöft

AUFBRUCH NACH AMERIKA

Der hohe Turm der Hapag-Hallen mit seinen vier Uhren ist schon aus der Ferne zu erkennen. Er erinnert an die großen Auswanderungswellen nach Amerika. Der Amerikabahnhof-Hapag-Hallen, heute ein denkmalgeschütztes Gebäudeensemble, wurde 1902 errichtet, 1914 um einen Schiffsanleger und 1954 um das Empfangsgebäude Steubenhöft erweitert.

Bis 1969 starteten die Ozeandampfer von hier im Liniendienst nach Amerika, und auch die ersten Kreuzfahrtschiffe nahmen am Steubenhöft ihre Passagiere an Bord. Das ganze Passagierterminal ist zwar noch funktionsfähig, aber es ist still geworden. Der Linienverkehr nach Amerika ist schon lange eingestellt, nur hin und wieder hält am Cuxhaven-Amerikabahnhof noch ein Sonderzug, und die meisten Kreuzfahrtschiffe machen lieber in Hamburg einen Stopp. Nur bei Veranstaltungen und Führungen erwachen Kuppelsaal, einst prunkvoller Wartesaal der Passagiere der ersten Klasse, Hanseatensaal und Zollhalle wieder zum Leben; 2021 wurden sie als Impfzentrum genutzt.

Ganz anders die Galerie im Ersten Obergeschoss des Empfangsgebäudes Steubenhöft, hier zeigen mehrere sehr gut gemachte und ausführliche Ausstellungen die mehr als 100-jährige Geschichte Cuxhavens als Überseehafen. Ohne Albert Ballin, den Generaldirektor der Hapag, wäre diese Geschichte sicher anders verlaufen. Heute würde man die Reederei als Global Player bezeichnen, denn seit 1897 war sie die größte der Welt. Entsprechend selbstbewusst war Ballins Motto: „Mein Feld ist die Welt".

Ausstellung Steubenhöft

Ballins Tor zur Welt

Ballin war maßgeblich daran beteiligt, dass Hamburg das „Tor zur Welt“ und Cuxhaven, das damals zu Hamburg gehörte, die „Stadt am Tor zur Welt“ wurde. Noch bevor Ballin zum Generaldirektor der Reederei wurde, erfand er die Kreuzfahrt. 1891 startete die „Augusta Victoria“ von Cuxhaven in Richtung Mittelmeer. Diese Luxusreise wurde solch ein Erfolg, dass von nun an die Reedereien Hapag und Norddeutscher Lloyd einige ihrer Schnelldampfer, die im Sommer im transatlantischen Liniendienst unterwegs waren, auf Kreuzfahrt schickten. Ballins Idee machte die Hapag für Jahrzehnte zum Marktführer im Kreuzfahrtgeschäft.

Der Besuch der „Hanseatic“ war in Cuxhaven immer ein Medienereignis, sie war das Traumschiff des Wirtschaftswunders und wurde als „schöne Hamburgerin“ verehrt. Dabei war der Beginn des 205 Meter langen Schiffes alles andere als glamourös. 1930 in Glasgow gebaut, war sie im Pazifik und im Atlantik als Passagierschiff und jahrelang als Truppentransporter unterwegs und ziemlich ramponiert, als sie in Hamburg zum Kreuzfahrtschiff umgebaut wurde. Ihre Jungfernfahrt startete am 21. Juli 1958 in Cuxhaven. Paul Thormöhlen war der erste Kapitän des Schiffes, er wäre auch heute noch die Idealbesetzung als Traumschiffkapitän. 1966 beendete ein Brand im Maschinenraum im Hafen von New York die Ära der „Hanseatic".

Sehr ausführlich beleuchten mehrere Ausstellungen die Auswanderungswellen des letzten Jahrhunderts in die Vereinigten Staaten und nach Kanada. Anhand von Bildern und Geschichten wird die Gefühlslage der Auswanderer nachgezeichnet.

„Hanseatic"

Info

Lage: Albert-Ballin-Platz 1, 27472 Cuxhaven

Einkehren:

- Al Porto: gutes italienisches Restaurant; Präsident-Herwig-Straße 37, 27472 Cuxhaven, Tel. 0157 35221564, *de-de.facebook.com/alportocuxhaven*
- Seeteufel: Fischrestaurant, auf der Hafenterrasse kann man auch nur ein Fischbrötchen essen; Präsident-Herwig-Straße 29, 27472 Cuxhaven, *seeteufelcuxhaven.de*

Website: *hapaghalle-cuxhaven.de*

4 Schloss Ritzebüttel

VOM WEHRTURM ZUM SCHLOSS

Alles begann um das Jahr 1340 mit dem Bau eines Wohnturmes für die Lehnsherren von Sachsen-Lauenburg. Dieser Turm hatte viel Ähnlichkeit mit dem auf der Insel Neuwerk, die damals zu Hamburg gehörte. Ende des 14. Jahrhunderts ging auch Ritzebüttel mit seinen Ländereien an Hamburg, das sich davon eine bessere Kontrolle über die Elbe versprach. Die Hamburger machten aus dem Wohnturm einen höheren Wehrturm, verstärkten die Mauern und bauten die Anlage im Stil der Gotik aus.

Mit dem Bau von Schloss Ritzebüttel beginnt die Geschichte Cuxhavens. Der spätmittelalterliche Backsteinbau gehört zu den ältesten Profanbauten der Region und war einst Wohnsitz der Hamburger Amtmänner. Einige Teile von Schloss Ritzebüttel stammen noch aus dem 14. Jahrhundert, der dominierende barocke Vorbau aus der Mitte des 18. Jahrhunderts.

Bis heute sind die damaligen Wallanlagen und Wassergräben des Schlosses zumindest in Teilen zu erkennen. Die von der Hansestadt abgesandten Amtmänner residierten hier mehr als 500 Jahre, bis schließlich 1937, im Zuge des Groß-Hamburg-Gesetzes, Cuxhaven an die preußische Provinz Hannover fiel. Nach dem Zweiten Weltkrieg ging das Gebiet an das neu geschaffene Land Niedersachsen, 1981 wurde schließlich die Stadt Cuxhaven Eigentümerin des Schlosses mit allen Nebengebäuden.

Mit dem Einzug der ersten Hamburger Amtmänner in Ritzebüttel ging der Wandel von der Burg zum Schloss mit luxuriöser Ausstattung einher. Unter den Amtmännern sind vor allem Amadeus Augustus Abendroth als Gründer von Cuxhaven und der Schriftsteller Barthold Heinrich Brockes, der die Aufforstung des nach ihm benannten Brockeswaldes initiiert hat, hervorzuheben. Eine der größten baulichen Veränderungen war der barocke Vorbau, der zwischen 1752 und 1755 entstand und bis heute die Backsteinfront des Schlosses prägt. Der mit Zinnen gekrönte Turm, der seit der Erbauung weitgehend unverändert geblieben ist, verschwindet fast vollständig hinter dem Vorbau.

Der große gotische Saal im Erdgeschoss ist nicht möbliert, denn er wird für Ausstellungen und Veranstaltungen genutzt. Ins Auge fallen die Holzbalkendecke und die bunten Keramikfliesen. Der

Obergeschoss

Barocksaal im zweiten Geschoss entstand mit dem Anbau Mitte des 18. Jahrhunderts und wurde für Sitzungen und Gerichtsverhandlungen genutzt. Sein heutiges Aussehen in pompejanischem Rot, Grün und Gold geht auf das Jahr 1894 zurück. Die ehemalige Wohnung des Amtmannes ist im Biedermeier-Stil möbliert. Das Zimmer, in dem die Trauungen stattfinden, wurde im Art-déco-Stil gestaltet.

Bei einem Spaziergang durch den weitläufigen Schlosspark fällt der alte Baumbestand mit einigen Exoten auf, die man anhand der Schilder identifizieren kann. Die erste Gartengestaltung erfolgte durch den Amtmann Brockes, der ab 1735 in Ritzebüttel tätig war. Für ihn machten Verteidigungsanlagen keinen Sinn mehr, deshalb wandelte er sie in einen Park um.

Schlosspark

Weitere Gebäude des Schlossensembles sind das Schweizer Haus, das ehemalige Amtsgericht, die Alte Wache und das Gärtnerhaus neben der Martinskirche.

Schloss-Restaurant

Info

Lage: Schlossgarten 8, 27472 Cuxhaven, Eingang Südersteinstraße

Weitere Aktivitäten:

- Die klassizistische Martinskirche von 1819 erhebt sich an der Südersteinstraße angrenzend an das Schlossareal.
- Das Joachim-Ringelnatz-Museum befindet sich nur wenige Schritte vom Schloss entfernt; *ringelnatzmuseum.de*, (siehe Tipp 5)
- Die Nordersteinstraße führt vom Eingang des Schlossparks nach Norden in Richtung Hafen und bildet eines der wichtigsten Einkaufszentren der Stadt; *einkaufen-cuxhaven.de/die-norder*

Einkehren:

- Schloss-Restaurant: Hier speist man in einem historischen Kreuzgewölbe aus dem 14. Jahrhundert; *schloss-restaurant-cuxhaven.de*

Website: *schlossverein-ritzebuettel.de*

HINWEISE:

- Geführte Besichtigungen werden nach vorheriger Anmeldung unter Tel. 04721 721812 angeboten.
- Im Schloss gibt es ein Extrazimmer für Trauungen. Das perfekt sanierte ehemalige Gärtnerhaus kann für Übernachtungen gemietet werden; *hochzcitshaus-cuxhaven.de*

5 Joachim-Ringelnatz-Museum

AUF DEN SPUREN DES DICHTERS, MALERS UND KABARETTISTEN

Im Ersten Weltkrieg diente Joachim Ringelnatz bei der Kaiserlichen Marine und war in Cuxhaven stationiert. Deshalb ist es logisch, dass das einzige Museum Deutschlands, das sein Leben und Werk würdigt, 2002 in Cuxhaven eröffnet wurde. Auch eine Straße nicht weit vom Museum ist nach ihm benannt worden.

Den Seemann Kuttel Daddeldu erfand Joachim Ringelnatz 1919. Die literarische Figur ist auf allen Kontinenten und Weltmeeren zu Hause, kennt alle Völker fremder Länder, siegt in jeder Prügelei und hat in jedem Hafen gleich mehrere Bräute. Kuttel Daddeldu ist eine Projektion der Ringelnatz'schen Wünsche und Sehnsüchte, denn der Matrose und Schiffsjunge Hans Bötticher, wie Ringelnatz mit bürgerlichem Namen hieß, ist das komplette Gegenteil des Helden Kuttel.

Seemann Kuttel Daddeldu

EINTRITTSKARTE KOSTÜMBALL, 1932

Joachim Ringelnatz – 1883 als Hans Bötticher in Wurzen/Sachsen geboren – hat schon in frühester Jugend von der Seefahrt geträumt. 1901 heuerte er auf einem Segelschiff an und lernte die Welt kennen, zwei Jahre später begann er seinen Militärdienst auf dem Kreuzer „SMS Nymphe". Seine Erlebnisse auf See, die wegen der miserablen Arbeitsbedingungen ganz und gar nicht seinen Träumen entsprachen, sollten fortan sein gesamtes künstlerisches Werk prägen.

Wieder an Land, schlug er sich nach dem Ende des Ersten Weltkriegs mit Gelegenheitsarbeiten durch, nahm den Künstlernamen Joachim Ringelnatz an und lebte als Dichter, Maler und Kabarettist. Die Rolle des Seemanns Kuttel Daddeldu war seine erfolgreichste auf der Bühne.

Seien Sie lieb ...

Vor einem perfekt sanierten Fachwerkhaus mit weißen Balken und grün-weißen Fensterrahmen in unmittelbarer Nähe von Schloss Ritzebüttel grüßt von einem fast lebensgroßen Plakat Joachim Ringelnatz. Hier befinden sich die Ringelnatz-Stiftung, die Ringelnatz-Gesellschaft und das Museum zu Ehren des Dichters. Die Ausstellung im Erdgeschoss widmet sich vor allem dem Dichter Ringelnatz, beleuchtet Stationen seines Lebens, stellt einige seiner Werke vor, wobei immer wieder typische Textpassagen, etwa auf einem Stuhlpolster, für ein Schmunzeln sorgen.

Eine Bronzebüste erinnert an die enge Freundschaft mit der Bildhauerin und Grafikerin Renée Sintenis. Die Vitrine mit den Kasperlefiguren beleuchtet die Zeit um 1933, als Ringelnatz bei den Nationalsozialisten in Ungnade gefallen und völlig verarmt war. Der vermögende Baden-Badener Arzt Eugen Schmidt unterstützte Ringelnatz, indem er ihn beauftragte, zu jeder Figur ein paar Zeilen zu schreiben. Die feinsinnigen Kasperle-Verse veröffentlichte Eugen Schmidt später, zusammen mit seinen Aquarellen, in einem Buch.

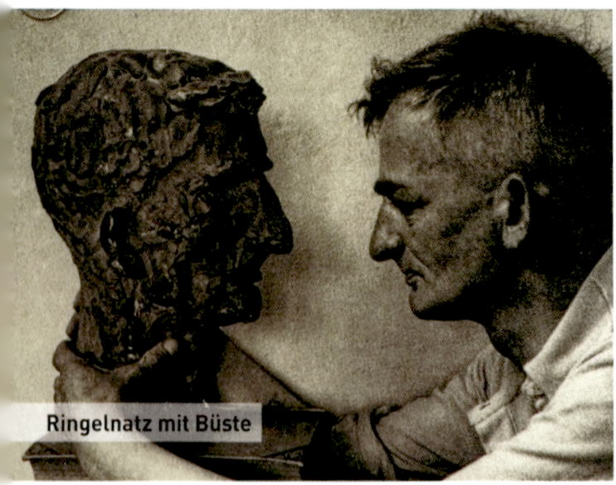

Ringelnatz mit Büste

Doch auch diese großzügige Geste half Ringelnatz wenig, denn am 17. November 1934 stirbt er völlig mittellos in seiner Berliner Wohnung an Tuberkulose.

Im Obergeschoss sind einige seiner Bilder zu sehen. Dies ist umso bemerkenswerter, da viele seiner Werke, nachdem er von den Nazis mit Auftrittsverbot belegt worden war, verbrannt wurden oder als verschollen galten. Der Ringelnatz-Stiftung und dem Museum ist es zu verdanken, dass heute wieder einige seiner Werke in Cuxhaven zu sehen sind.

Info

Lage: Südersteinstraße 44, 27472 Cuxhaven

Weitere Aktivitäten:

- Captain Ahab's Culture Club: Seit mehr als 15 Jahren finden meist freitags Konzerte und Veranstaltungen in dieser Cuxhavener Institution statt. Hinter dem Club steckt ein gemeinnütziger Verein mit rund 500 Mitgliedern, die für ihren Vereinsbeitrag ermäßigte Eintrittskarten erhalten. Joachim Ringelnatz hätte hier vermutlich auch sein Publikum gefunden; Am Querkamp 22, 27474 Cuxhaven, *ahabs.de*

Website: *ringelnatzmuseum.de*

HINWEISE:

- Führungen können nach telefonischer Anmeldung organisiert werden, Tel. 04721 394411.
- Im Museumsshop sind einige seiner Werke erhältlich, außerdem die Neuauflage des Buches „Joachim Ringelnatz – Der Maler".
- Seit 2002 verleiht die Stadt Cuxhaven alle zwei Jahre den Joachim-Ringelnatz-Preis. Seit 2018 wird der mit 10.000 Euro dotierte Preis abwechselnd in vier Kategorien verleihen, 2020 erstmals in der Kategorie „Kunst", Preisträger war Herman van Veen.

6 Das Lotsenviertel

EINKAUFSQUARTIER MIT MARITIMEM FLAIR

Nach einer umfassenden Neugestaltung hat sich in den letzten Jahren die Schillerstraße zum kommerziellen Zentrum des Viertels entwickelt. Unweit des Hafens und der Alten Liebe kann man hier schlemmen und shoppen.

Früher durften die Lotsen, die ein- und auslaufende Schiffe sicher durch die Elbe begleiteten, nicht weiter als einen Kilometer vom Hafen und der Lotsenstation wohnen. Diese sogenannte Residenzpflicht wurde schon 1719 eingeführt. Der heute gebräuchliche Name Lotsenviertel für das Quartier zwischen Hafen, Innenstadt und Alter Liebe entstand aber erst viel später. Lotsen werden auch heute noch benötigt, aber die meisten wohnen schon lange nicht mehr im Quartier, geblieben sind der Name und einiges von der alten Bausubstanz.

Altes Deichhaus

Die Besiedlung der Straße begann im 18. Jahrhundert vom Hafen aus; nach rund 50 Jahren gab es schon eine geschlossene Bebauung bis zum heutigen Schillerplatz. Aus Anlass des 100. Todestages von Friedrich Schiller 1905 erhielt die Einkaufsmeile ihren heutigen Namen. Die Bebauung entlang der Schillerstraße und der umliegenden Straßen ist uneinheitlich, eines der schönsten Häuser, das alte Deichhaus, ein Fachwerkhaus mit künstlerisch gestaltetem Garten, befindet sich in der Schillerstraße 42. Eine aufwendig renovierte Jugendstilfassade sieht man im Alten Deich-

Detail der Jugendstilfassade

Werbefigur Jan Cux

weg 21. Gesichtslose Nachkriegsbauten drängen sich allerdings immer wieder zwischen die alten Häuser und trüben ein wenig das Bild eines homogenen historischen Viertels. Ähnlich verhält es sich mit dem Shoppingangebot, das von inhabergeführten Traditionsgeschäften bis zu Allerweltsangeboten reicht.

Einige Künstler, wie der 1869 in Cuxhaven geborene Maler und Zeichner Ernst Gock, haben längere Zeit im Lotsenviertel gewohnt. Gock ist vorwiegend mit seinen Porträts und maritimen Motiven im neo-impressionistischen Stil bekannt geworden. In der Schillerstraße 30 hat bis zu seinem Tod Joachim „Ali" Albrand gewohnt. Der Cuxhavener Seemann war Trickfilmzeichner und viele Jahre als Chefzeichner der Mainzelmännchen tätig. In der Schillerstraße 33 lebte in den 1950er-Jahren die Künstlerfamilie Roos-Moldenhauer, dort entstand ihre Idee für die Werbefigur Jan Cux. Aber erst später wurde aus der Werbefigur, die heute alle nur erdenklichen Souvenirs der Stadt schmückt, dieser freche blonde Junge mit der blauen Mütze. Mittlerweile gibt es mit Cuxi auch ein weibliches Pendant. Beide stehen unweit des ehemaligen Wohnhauses der Künstlerfamilie und dienen als beliebte Fotomotive.

Kaffee-Insel

In Cuxhaven leben Menschen aus mehr als 100 Nationen, wobei die Portugiesen den größten Teil der ausländischen Mitbürger stellen. Sie kamen einst als Gastarbeiter, um in der Fischindustrie zu arbeiten, und sind geblieben. Wer für typisch portugiesische Küche schwärmt, sollte unbedingt einen Tisch im Sagres reservieren und eines der Fischgerichte probieren.

Info

Lage: Zwischen Hafen, Zentrum und Alter Liebe

Einkaufen:

- Zum Trödler: Antiquitäten, Trödel, Nippes und vieles mehr bis unter die Decke, immer eine Fundgrube; Alter Deichweg 13, 27472 Cuxhaven
- Tante Emma: Secondhand-Artikel und lokales Kunsthandwerk; Alter Deichweg 15, 27472 Cuxhaven, *tanteemma-cux.de*

Einkehren:

- Cuxhavener Kaffeeröster: Die weltweit besten Kaffeebohnen werden im Haus behutsam geröstet, Verkauf und Verkostung; Alter Deichweg 14 und Alter Deichweg 21, 27472 Cuxhaven, *cuxhavener-kaffeeroester.de*
- Sagres: leckere portugiesische Küche, guter Hauswein, nette Bedienung; Schillerstraße 16, 27472 Cuxhaven
- Hus op'n Diek: ältestes Fischrestaurant der Stadt mit rustikal-maritimer Atmosphäre; Am Alten Hafen 1, 27472 Cuxhaven, *husopndiek.de*
- Itjen: Bäckerei und Konditorei, seit 1912 in Familienbesitz. Backwaren, Frühstück, Kuchen. Die Torten sind jede Kaloriensünde wert; Schillerstraße 31, 27472 Cuxhaven, *itjen.de*

Website: *lotsenviertel.de*

Buchtipp: Markus Rahaus lebt seit einigen Jahren im Cuxland und schreibt Küsten-Krimis. Die Kommissare Olofsen und Greiner haben schon einige Fälle gelöst; *kriminetz.de/personen/markus-rahaus*

7 Pinguin-Museum

MIT PINGUINEN INS GUINNESS-BUCH DER REKORDE

Ohne Zweifel gehören Pinguine zu den beliebtesten Tieren, auch wenn die meisten Menschen sie nur aus dem Zoo, Filmen oder aus einer der zahllosen TV-Dokumentationen kennen. Aber Pinguine im Museum? Das gibt es nur in Cuxhaven. Und nirgendwo sonst – weltweit. Das behauptet zumindest das Pinguin-Museum auf seiner Website.

Natürlicherweise kommen Pinguine in Cuxhaven nicht vor. Aber gerade hier präsentiert Birgit Berends das Ergebnis ihrer jahrelangen Sammelleidenschaft. Es geht ihr wie vielen Menschen: Sie liebt Pinguine. Die kleinen Frackträger wirken manchmal aber auch zu komisch, wenn sie auf ihren kurzen Beinchen über den Schnee watscheln, dabei nach Slapstick-Manier hin und wieder stolpern oder auf ihrem runden Bauch über das Eis rutschen. So verwundert es nicht, dass sie schon mehrfach zu Kinostars geworden sind, sei es animiert in „Die Pinguine aus Madagaskar" und „Happy Feet" oder im hochgelobten Dokumentarfilm „Die Reise der Pinguine". Schon als Kind wird man mit den tollpatschig watschelnden Gesellen konfrontiert und wohl jeder hat schon einmal ein Pinguinbuch, -spiel oder -puzzle geschenkt bekommen.

So war von Anfang an klar, dass Birgit Berends Sammelleidenschaft nie der Nachschub ausgehen wird, denn es gibt kaum etwas, was sich nicht (besser) mit einem Pinguinmotiv verkaufen lässt. Den ersten Guinness-Rekord-Eintrag gab es 2006 wegen ihrer Sammlung mit damals im Vergleich zu heute bescheidenen 2520 Objekten. Stolz zeigt sie auf die aktuelle Rekord-Urkunde an

Pinguine im Frack

der Wand: „Birgit Berends erzielte den Weltrekord für die größte Pinguinsammlung. In ihrem Besitz befinden sich mit 26.114 Stück die meisten unterschiedlichen Objekte mit Pinguin-Bezug, wie am 22. April 2021 in Cuxhaven offiziell bestätigt." Jetzt, wo der Weltrekord in ihren Händen ist, soll Schluss sein mit dem Sammeln, vielleicht wird sie irgendwann sogar einige Stücke abgeben – wenn der Trennungsschmerz nicht zu groß wird.

All ihre Lieblinge kann Birgit Berends nicht in dem kleinen Museum – laut eigener Aussage „das erste und einzige Pinguin-Museum in Deutschland und bis zum Beweis des Gegenteils auch das einzige weltweit, denn bei wiederholten Recherchen im Internet haben wir bisher noch keinerlei Hinweise auf irgendein weiteres Museum gefunden, in dem es nur und ausschließlich um Pinguine geht!" – präsentieren, aber einige Tausend sind es schon, die in Vitrinen, auf Regalen und am Boden hocken. Das größte Ausstellungsstück ist „Robby", der stolze 1,97 Meter misst und eine coole Brille aufhat, weil er früher für einen Optiker Wer-

Pinguine in Massen

bung gemacht hat. Das kleinste Exemplar misst gerade einmal 0,5 Zentimeter und kann mit einer Lupe in Augenschein genommen werden. Auf Regalbrettern drängen sich viele Dutzend Pinguine, die wohl jedes Kind gerne als Kuscheltier hätte. Bei einigen Objekten fragt man sich jedoch, ob die Werbeabteilung die richtige Entscheidung getroffen hat, Toilettenpapier, Klobürsten, Zahnputzbecher oder Zahnpastatuben mit Pinguinmotiven zu verzieren.

Brillenpinguine

Neben Plüsch und Plakaten gibt es im Museum auch einen (einzigen) echten Pinguin – zumindest sein Skelett. Das Königspinguinpräparat stand seit den 1950er-Jahren in der Pinguin-Apotheke in Hannover und kam schließlich über Umwege als Schenkung ins Museum. Eine aufwendige Restaurierung hat „Charly" wieder fit gemacht.

Info

Lage: Schillerstraße 64, 27472 Cuxhaven

Website: *pinguin-museum-cuxhaven.de.tl*

HINWEISE:

- Seit 2017 wird das Museum vom Verein Pinguinfreunde Cuxhaven e. V. betrieben. Ziel und Zweck des gemeinnützigen Vereins ist die Förderung von Tier- und Umweltschutz.
- Wer möchte, kann eine Patenschaft für einen Museums-Pinguin übernehmen. Das Geld wird zur Pflege der Ausstellung, für das Tierheim Cuxhaven und für den Verein zum Schutz des Humboldt-Pinguins verwendet.

8 Semaphor

WIND UND WETTER VOR BORKUM UND HELGOLAND

Ein Semaphor ist ein Signalmast oder Winksignal zur Übermittlung von Nachrichten. Das Wort stammt aus dem Griechischen und bedeutet so viel wie Zeichenträger.

In Cuxhaven an der Alten Liebe zeigt solch ein Semaphor seit 1884 mit kleinen Unterbrechungen Windstärke und -richtung auf den Nordseeinseln Borkum (B) und Helgoland (H) an. Es ist die letzte im Originalzustand erhaltene Anlage ihrer Art in Europa.

In Zeiten von Internet und Satellitennavigation braucht niemand mehr einen Semaphor, aber früher war es für auslaufende Schiffe wichtig zu wissen, welches Wetter in der Nordsee herrscht. Die drehbaren Arme geben die Windrichtung an, die Anzahl der waagerecht gestellten Flügel oben am Mast die Windstärke, wobei jeder Flügel für zwei Windstärken steht. Stehen alle sechs Flügel waagerecht, herrscht Orkan.

Der erste Semaphor wurde vom Verein Deutscher Seeschiffer initiiert, bis ein Orkan ihn 1903 zerstörte. Eine neue, robustere Konstruktion ging ein Jahr später in Betrieb. 1968 hatte das raue Seeklima dem Semaphor so stark zugesetzt, dass er abgebaut werden musste. Die Stadt und das Wasser- und Schifffahrtsamt übernahmen die Kosten der Sanierung, sodass die Cuxhavener eines ihrer Wahrzeichen wieder in Betrieb nehmen konnten. Bis 1982 das endgültige Aus drohte, denn im Zeitalter der Elektronik war für solch einen archaischen Wetterdienst keine Notwendigkeit mehr. Durch die Umwandlung in ein technisches Denkmal konnte die Zukunft gesichert werden. Heute sorgen Mitglieder des Feuerschiff-Vereins Elbe 1 dafür, dass Richtungspfeile und Windarme immer korrekt eingestellt sind.

Info

Lage: Bei der Alten Liebe, 27472 Cuxhaven

HINWEIS: Seit 2005 gibt es auf der Nordmole der Einfahrt zum Neuen Hafen in Bremerhaven einen weiteren Semaphor. Einige Teile stammen noch vom 1976 demontierten Leuchtturm Hoher Weg, der große Rest der Konstruktion wurde rekonstruiert.

Seebäder Döse, Duhnen
und Sahlenburg

Sahlenburger Sandstrand im Abendlicht

Seebäder Döse, Duhnen und Sahlenburg

9. Die schönsten Strände: Sonne, Sand und Meer – oder ab ins Watt
10. Mit dem Rad über die Dörfer: Landleben im Cuxland
11. Kurpark Döse: Attraktion Humboldt-Pinguine
12. Naturerlebnispfad Holter Heide: vom Truppenübungsplatz zum Naturschutzgebiet
13. Wernerwald und Finkenmoor: Waldbaden mit Nordseebrise
14. Wattenmeer-Besucherzentrum: schützenswerter Lebensraum Watt
15. Kliff: Restaurant mit bester Aussicht
16. Entdeckungspfad Duhner Heide: Kleinod mit Blick auf Watt und Salzwiesen

Hamburg-Insel
Neuwerk
Elbe
Duhnen
Stickenbüttel
Sahlenburg
Cuxhaven
Groden
Arensch
73
Altenbruch
Nordsee
Spiekaer
Siel
Oxstedt
Lüdingworth
Spiekaer
Neufeld
Nordholz
Sea-Airport
Cuxhaven/
Nordholz
Spiekaer
Nordermarren
Flugplatz
Nordholz-Spieka
Cappel-
Neufeld
Spiekaer Weg
Osterwann
Altendeich
Midlum
E234
27
Dorumer Moor
Ahlen-
Falkenberg
Dorum
Holßel
NIEDERSACHSEN
Harmsbüttel
Wurster
Nordseeküste
Hünkenmann
Flöge
Wremen
Fickmühlen
Debstedt
Drangstedt
Weddewarden
Wehden
Neumühlen
Langen

9 Die schönsten Strände

SONNE, SAND UND MEER – ODER AB INS WATT

Cuxhaven rühmt sich der längsten Sandstrände Niedersachsens, außerdem gibt es noch einige Grünstrände. Insgesamt bietet das Cuxland zehn verschiedene Strände mit einer Gesamtlänge von rund zehn Kilometern. Allen gemeinsam ist, dass man nur von kurz vor bis kurz nach Hochwasser baden kann. Bei Ebbe locken Wattwanderungen.

Grimmershörn: Die sanft geschwungene Bucht ist der Stadtstrand von Cuxhaven, denn in wenigen Minuten ist man mittendrin in der Stadt, an der Alten Liebe, im Lotsenviertel, am Fischereihafen oder am Steubenhöft. Im Sommer sorgen bunte Strandkörbe für Farbtupfer auf dem sanft ansteigenden Deich und der Rasenfläche davor. Eine Stunde vor bis eine Stunde nach Hochwasser kann man im Bojenbad schwimmen. Bei Ebbe ist Schiffe gucken angesagt, die großen Pötte fahren ziemlich dicht an der Bucht vorbei. Für Wattwanderungen ist Grimmershörn nicht geeignet.

Bucht Grimmershörn

Döse und Duhnen: Diese beiden Strandabschnitte gehen praktisch nahtlos ineinander über und zeichnen sich durch feinsten goldgelben Sand aus. In Döse hat man die Kugelbake fast direkt vor der Nase. Auf der Strandpromenade, die beide Cuxhavener

Strandpromenade Duhnen

Stadtteile miteinander verbindet, ist immer viel los. So manche gastronomische Einrichtung lockt mit Blick aufs Meer und gleich hinter dem Deich bieten sich zahlreiche Einkaufsmöglichkeiten. Der gesamte Strand von Döse und Duhnen ist gespickt mit Strandkörben; wer nicht im Meer baden möchte, geht ins Freibad Steinmarne. Kite- und Windsurfer finden ihr Revier nahe der Kugelbake, Strandvolleyballer zieht es dagegen zum VGH Stadion am Meer. Am westlichen Ende des Duhner Strandes befindet sich der FKK-Strand, der auch als FKK-Düne bekannt ist.

Sahlenburg: Auch hier wartet ein rund einen Kilometer langer, feinsandiger Strand mit vielen Strandkörben. Am östlichen Ende des Strandes starten die Wattwagen Richtung Neuwerk, am westlichen Ende sieht man bei Wind und Flut die Kitesurfer mit viel Speed über das Wasser sausen.

Duhnen

Altenbruch: Beim Leuchtturm Dicke Berta erstreckt sich auf dem sanft zum Meer auslaufenden Deich ein weitläufiger Grünstrand. Auch hier kann man sich einen Strandkorb mieten.

Sahlenburg: vor dem Wernerwald

Kleiner Preuße

Otterndorf: Hier gibt es einen weitläufigen Grünstrand mit Strandkörben und weiter östlich, an der Medemmündung, einen kleinen Sandstrand. Die großen Pötte fahren auf ihrem Weg von und nach Hamburg hier ziemlich dicht am Ufer vorbei. Ein mit Bojen begrenzter Badebereich soll verhindern, dass man zu nah an die Schiffe schwimmt. Am See Achtern Diek gibt es ein Strandbad mit kleinem Sandstrand.

Wurster Nordseeküste: Grünstrände gibt es in Spieka-Neufeld, Cappel-Neufeld, Dorum-Neufeld und Wremen. An allen Stränden kann man Strandkörbe mieten, an den meisten gibt es auch Kinderspielplätze. Besuchermagneten und beliebte Fotomotive sind die Leuchttürme Obereversand und Kleiner Preuße sowie die Kutterhäfen. Wer nicht ständig auf die Flut warten möchte, findet in Dorum-Neufeld im Spaßbad Watt'n Bad eine Alternative. In Cappel-Neufeld gibt es sowohl einen Textil- als auch einen FKK-Strand, jeweils mit eigenem Steg.

Info

Weitere Aktivitäten:

- Freibad Steinmarne: beheiztes Meerwasserbecken am Deich zwischen Döse und Duhnen; Neptunweg 3, 27476 Cuxhaven, *doese.de/freibad*
- Thalassozentrum ahoi! Wellenbad mit Brandungsbecken, Riesenrutsche, Strömungskanal, Saunen und Dampfbad, Panorama-Sauna mit Blick über das Wattenmeer; Wehrbergsweg 32, 27476 Cuxhaven, *nordseeheilbad-cuxhaven.de/thalassozentrum-ahoi*
- Surfschule: Surfen und Kiten an der Kugelbake und in Sahlenburg, Kurse für Anfänger und Fortgeschrittene; *surfschule-cuxhaven.de*
- Die Kiterei: Kurse für Anfänger und fortgeschrittene Surfer und Kiter in Sahlenburg, Verleih von Ausrüstungen, Buchung von Unterkünften; *kiterei.de*
- Achtern Diek: Die Freizeitanlage in Otterndorf bietet viele Wassersportmöglichkeiten wie Wakeboarding und Windsurfen, außerdem Ferienhäuser und Campingplätze; Norderteiler Weg, 21762 Otterndorf, *otterndorf.de/poi/freizeitanlage-see-achtern-diek*
- Watt'n Bad: Freizeitbad in Dorum-Neufeld mit beheiztem Hallenbecken sowie weitläufigem Außenbereich mit großer Rutsche und weiteren Aktivitäten; Am Kutterhafen 3, 27639 Wurster Nordseeküste – Dorum-Neufeld; *wursternordseekueste.de/poi/wattn-bad*

10 Mit dem Rad über die Dörfer

LANDLEBEN IM CUXLAND

Diese Rundtour führt durch das ländlich geprägte Hinterland der Küste in einige ruhige Dörfer südlich des Hauptortes Cuxhaven. Am schönsten ist diese Radtour am Nachmittag, denn dann kann man auf den letzten Kilometern den Sonnenuntergang genießen, der Watt und Wald in warmen Farben leuchten lässt.

Ein guter Startpunkt ist die Wattwagenhaltestelle am Strand von Sahlenburg. Von hier folgt man der Hauptstraße durch den Ort, anfangs ist es die Hans-Claußen-Straße, später die Nordheimstraße. Zu beiden Seiten der Straße gibt es Pensionen, Ferienwohnungen und Hotels sowie einige Geschäfte; Tourismus spielt hier eine wichtige Rolle.

Milchzapfstelle

Nachdem man rechts auf die Spanger Straße abgebogen ist, weist bald ein Schild auf eine Milchtankstelle hin. Frische Milch und frische Eier gibt es hier immer, saisonal auch Honig, Kartoffeln, Marmelade und einiges mehr. Nächster Ort ist Holte-Spangen zwischen Marschland und Küstenheide. Vermutlich leben hier mehr Pferde als Menschen; wer sich als Pferdeliebhaber auf einem der Höfe einquartiert, kommt bestimmt auf seine Kosten. Pferde und Reitwege in der Umgebung sind reichlich vorhanden.

Hinter dem Deich

Holte-Spangen

Auf dem Altenwalder Heideweg und der Hauptstraße gelangt man ins Zentrum von Altenwalde, einem geschäftigen Ort mit 6100 Einwohnern, der schon im 13. Jahrhundert als „Wolde" erstmals erwähnt wurde. Der Ort liegt auf der Hohen Lieth, einer eiszeitlichen Endmoräne, und ist von Feldern, Heide und Küstenwald umgeben, dem Altenwalde seinen Namen verdankt. Anschauen sollte man sich die klassizistische Kreuzkirche von 1791. Von der Burg aus dem 9. Jahrhundert sind nur noch spärliche Reste der Wallanlagen erhalten geblieben.

Holte-Spangen

Folgt man der Hauptstraße von Altenwalde für rund drei Kilometer in südlicher Richtung, kommt man zum Marinefliegerstützpunkt Nordholz und zum Aeronauticum, das in einer Museumshalle und auf einem 36.000 Quadratmeter großen Freigelände alles, was fliegt, präsentiert (siehe Top 10 (Nr. 7)).

Miniatur-Kugelbake

Vom Aeronauticum radelt man weiter Richtung Westen auf Bahnhofstraße und Feuerweg, dann nach rechts auf die Mühlenstraße in Richtung Oxstedt abbiegen. Oxstedt ist der älteste Stadtteil von Cuxhaven und bietet die Möglichkeit eines kurzen Abstechers in die Altenwalder Heide. Pferdefreunde können sich auf einem der Reiterhöfe einquartieren und sich auch eine Gastbox mieten. Der Golfplatz Hohe Klint lockt mit einer langjährigen Top-Five-Platzierung im offiziellen Rating des Deutschen Golfverbandes.

Einst Trafostation ...

Einige Kilometer weiter nördlich kommt man nach Berensch, das bis weit ins 20. Jahrhundert hinein von der Landwirtschaft lebte, doch mittlerweile setzt man auch hier verstärkt auf den Tourismus. In Arensch gibt es die Möglichkeit, sich auf dem Biolandhof Fischer zu stärken. Lassen Sie sich vom saisonalen Angebot im Melkhus überraschen! Direkt gegenüber dem Eingang wurde eine Trafostation zum Tierhotel mit zahlreichen Brutkästen umgebaut.

Vom Melkhus erreicht man bald den Küstenweg zwischen Watt und Wald, der mit grandioser Aussicht bis zum Restaurant Kliff (siehe Tipp 15) und dann entlang der Promenade zum Ausgangspunkt zurückführt.

Sahlenburger Strand

Info

Länge: 30 Kilometer

Beginn und Ende der Rundtour:
am Sahlenburger Strand, an der Rettungsstation und der Wattwagenhaltestelle

Weitere Aktivitäten:

- Milchzapfstelle Sahlenburg: Menke Landwirtschaft; Spanger Straße 65, 27476 Cuxhaven Holte-Spangen
- Ferienhof Hubertus: Für Gruppen werden Wattreitwochen organisiert, außerdem Geschäft für Reitzubehör, Übernachtungsmöglichkeiten, Urlaub mit dem eigenen Pferd; Nordende 13, 27476 Cuxhaven Holte-Spangen, *ferienhofhubertus.de*
- Buchenhof: Urlaub auf dem Pferdehof, Ferienwohnungen, Pferdezucht; Im Dorf 9, 27476 Cuxhaven Holte-Spangen, *buchenhof-cuxhaven.de*
- Küstengolfclub Hohe Klint: 18-Loch-Platz; Hohe Klint 32, 27478 Cuxhaven, *golf-cuxhaven.de*

Einkehren:

- Kliff: Am Sahlenburger Strand, 27476 Cuxhaven Sahlenburg, *kliff-restaurant.de* (siehe Tipp 15)

HINWEIS: Der Biolandhof Fischer wird seit 1988 ökologisch bewirtschaftet, seit 2006 ist er ein vom Bundesministerium für Ernährung, Landwirtschaft und Verbraucherschutz ausgewählter Demonstrationsbetrieb für ökologischen Landbau. Rund 80 Angusrinder leben im Sommer auf den Salzwiesen im Deichvorland zwischen Arensch und Sahlenburg. Außerdem werden Angler Sattelschweine, eine vom Aussterben bedrohte Nutztierrasse, in Auslaufhaltung gehalten. Das Futter für die Tiere, Roggen, Hafer, Klee und Triticale wird auf Ackerflächen auf dem Geestrücken angebaut.

- Hofladen und Verkaufssautomaten; Arenscher Straße 56, 27476 Cuxhaven-Arensch, *biolandhof-fischer.de*

11 Kurpark Döse

ATTRAKTION HUMBOLDT-PINGUINE

Der Kurpark ist ein Ort der Ruhe und Entspannung, eine grüne Insel im Cuxhavener Stadtteil Döse. Das Besondere ist der kleine Zoo und in diesem wiederum die Gruppe der Humboldt-Pinguine – ein tolles Ziel für einen Familienausflug.

Der Ortsteil Döse lockt mit seinem Sandstrand und der Nähe zur Kugelbake, dem Wahrzeichen Cuxhavens und nördlichstem Punkt Niedersachsens. Kaum weiter ist es zur Elbmündung, wo die dicken Pötte zum Greifen nah vorbeifahren. Döse gibt sich gerne ein wenig nobel und ist stolz, im Gegensatz zu Duhnen und Sahlenburg, seinen Gästen einen Kurpark bieten zu können. 1935 hatte das Nordseeheilbad Cuxhaven beschlossen, nur wenige Hundert Meter hinter dem Nordseedeich einen Kurpark anzulegen, der schon ein Jahr später fertig war.

Humboldt-Pinguine

Schon bald wurde inmitten des Kurparks ein Tiergehege gebaut, anfangs diente es als Refugium für Tiere, die Seeleute von ihren Reisen mitgebracht hatten. Heute leben in dem kleinen Zoo, der gerne von Familien als Ausflugsziel genutzt wird, rund 250 Tiere, die meisten in zwei großen, mit Netzen überspannten Volieren. Es sind vor allem Seevögel wie Austernfischer, Säbelschnäbler oder Basstölpel. Unbestrittene Publikumslieblinge aber sind die Humboldt-Pinguine, vor allem die tägliche Fütterung um 15 Uhr sorgt immer für Andrang. Gleich nebenan lebt ein Ouessantschaf. Diese Tiere gelten als kleinste Schafrasse der Welt. Früher lebten einige Tausend Exemplare der robusten Rasse auf der französischen Atlantikinsel Ouessant, heute züchten vor allem Hobby-Schäfer die meist schwarzen Tiere. Sehr beliebt, vor allem bei Kindern, ist auch das Kaninchendorf im Zoo.

Kinderzoo

Gepflegte Rasenflächen und ebensolche Wege, viele Sitzbänke, Schatten spendende Bäume, ein kleiner See, eine Wandel- und Liegehalle, für die Kleinen ein abwechslungsreicher Piratenspielplatz sowie ein Restaurant und Café – der Kurpark in Döse bietet alles, was man von solch einer Anlage erwartet. Und weil man schließlich an der Nordsee ist, gibt es auch noch einige Strandkörbe auf dem Rasen.

Franz Rotter: Liegender Knabe

Auch die über den ganzen Kurpark verteilten Skulpturen lohnen einen näheren Blick. Von Peter Lehmann, 1921 in Bremen geboren, gibt es drei Skulpturen: Fuchs auf heißer Spur, Gans und Ganter und Junger Seehund. Franz Rotter, 1910 in Ungarn geboren, hat von 1948 bis zu seinem Tod 1989 in Cuxhaven gelebt und gearbeitet. Von ihm stammen im Kurpark die Skulpturen Krabbenfischer, Liegender Knabe und Schipperjunge auf Seelöwe auf einer Insel im See.

Wer nach der gezähmten und gepflegten Natur noch etwas mehr Wildnis erleben möchte, folgt dem Weg bis zum südlichen

Cuxhavener Moorwiesen

Ausgang des Kurparks und ist dann nach wenigen Schritten in den Cuxhavener Moorwiesen, die sich direkt hinter dem Deich erstrecken. Hier gibt es zwar auch perfekt angelegte Wege, die zum Spazierengehen und Radfahren animieren, aber zu beiden Seiten erstrecken sich feuchte Wiesen, teilweise mit solch üppigen Rohrkolbenbeständen, wie man sie nur selten sieht.

Info

Länge: Strandstraße 80, 27476 Cuxhaven

Weitere Aktivitäten:

- Kugelbake: Das Wahrzeichen Cuxhavens befindet sich nur wenige Hundert Meter vom Kurpark entfernt.
- Fort Kugelbake: ehemalige Marinefestung, kann im Rahmen von Führungen besichtigt werden und wird für Veranstaltungen genutzt; *doese.de/fort-kugelbake*
- Den kleinen See im Kurpark kann man mit Tretbooten in Schwanenform erkunden.
- Entlang der nördlichen Verlängerung der Strandstraße Richtung Deich gibt es eine Reihe Imbissbuden, Randecker Fischfeinkost ist bekannt unter anderem für leckere Fischbrötchen.
- Neben der Zeile mit den Imbissbuden befindet sich ein immer gut besuchter WoMo-Stellplatz.

Einkehren:

- Strandhaus Döse: Im Stil der 1950er-Jahre erbaut, rühmt es sich zu Recht als Panorama-Restaurant, denn durch die großen Fenster schaut man direkt aufs Meer. Auf der Speisekarte steht hauptsächlich Fisch, regional und gutbürgerlich; Auf dem Seedeich, 27476 Cuxhaven, Tel. 04721 426131, *strandhaus-doese.de*

Website: *doese.de/kurpark*

HINWEISE: An den Kurpark grenzt die Kugelbakehalle, die für vielfältige Veranstaltungen für bis zu 1000 Personen genutzt wird. Aktuelle Infos findet man in den Cuxtipps.

12 Naturerlebnispfad Holter Heide

VOM TRUPPENÜBUNGSPLATZ ZUM NATURSCHUTZGEBIET

Nicht weit vom Nationalpark Wattenmeer erstreckt sich eine abwechslungsreiche Landschaft aus Sandflächen und Dünen, Sand- und Feuchtheiden, Magerrasen, kleinen Heidemooren, Tümpeln, lichten Kiefernwäldern und Eichenkrattwäldern mit ihren kleinen und teils kurios verwachsenen Bäumen.

Auf rund 1445 Hektar liegt südwestlich von Cuxhaven zwischen Holte, Altenwalde, Oxstedt und Berensch eine Küstenheide. Solch eine weitläufige, offene Landschaft, in der vor allem Krähenbeere, Glockenheide, Besenheide und andere nur wenige Zentimeter hohe Zwergsträucher wachsen, gibt es an der deutschen Nordseeküste nicht noch einmal.

Auf dem Naturerlebnispfad Holter Heide lernt man die Geschichte dieser Landschaft sowie die wichtigsten Tiere und Pflanzen des Lebensraumes Heide kennen. Er ist aber nur eine Möglichkeit, diese Heidelandschaft zu erleben, denn es führen zahlreiche weitere Rad- und Wanderwege durch das Gebiet. Am schönsten ist ein Besuch im Spätsommer, wenn die Besenheide in voller Blüte steht und den Boden mit einem violetten Teppich überzieht. Aber auch sonst verströmt die Heidelandschaft ihren charakteristischen Geruch und man kann wie einst Theodor Storm ins Schwärmen geraten:

Es ist so still; die Heide liegt
Im warmen Mittagssonnenstrahle,
Ein rosenroter Schimmer fliegt
Um ihre alten Gräbermale;
Die Kräuter blühn; der Heideduft
Steigt in die blaue Sommerluft.

Heideblick

Ab 1915 entstand zwischen Altenwalde und Berensch ein Marineschießplatz. Nach dem Zweiten Weltkrieg nutzten die Alliierten das Gebiet, 1956 richtete die Bundeswehr hier einen Truppenübungsplatz ein, der bis 2003 in Betrieb war. Die offene Heide war ein perfektes Gelände für Manöverzwecke und blieb deshalb in weiten Teilen erhalten. Die Bundeswehr engagierte sich sogar für den Natur- und Landschaftsschutz, ließ Kleingewässer anlegen, Bäume und Sträucher entfernen, aber auch Flächen am

Lebensraum Wald und Heide

Burgwall aufforsten. Heute steht fast das gesamte Gebiet unter Naturschutz.

Heidelandschaften müssen regelmäßig gepflegt werden, deshalb wurden Konik-Pferde, Heckrinder und Wisente angesiedelt. Auf dem Speiseplan dieser äußerst robusten Tiere stehen neben Gräsern und Kräutern auch junge Sträucher und Bäume, so verhindern sie, dass die Heide verbuscht und größere Bäume heranwachsen. Weidetiere zum Erhalt der Küstenheiden einzusetzen, ist Teil des von der EU geförderten LIFE-Natur-Projekts „Große Pflanzenfresser zur Pflege und Erhaltung von Küstenheiden".

Infos zum LIFE-Natur-Projekt

Mit etwas Glück und Geduld kann man entlang des südlichen Naturerlebnispfads Konik-Pferde und Heckrinder entdecken. Im Westen grenzt der Rundwanderweg an das Wisentgatter. Im Naturschutzgebiet finden über 200 gefährdete Tier- und Pflanzenarten einen Lebensraum. Wer ein Auge fürs Detail hat, findet hier unter anderem Lungen-Enzian, Sonnentau und Fadensegge oder Zauneidechse, Moorfrosch, Steinschmätzer, Braunkehlchen, Rotkehlchen und die seltene Libellenart Große Moosjungfer.

Info

Länge: Südwestlich von Cuxhaven zwischen Holte, Altenwalde, Oxstedt und Berensch. Nach dem Ortsausgang von Holte-Spangen Richtung Berensch kommt nach ca. einem Kilometer auf der rechten Straßenseite ein Parkplatz. Der Naturerlebnispfad beginnt einige Meter versetzt auf der anderen Straßenseite.

Website: *touristik-cuxhaven.de/die-küstenheide*

HINWEISE:

- Am Beginn des Pfades stehen die lebensgroßen Silhouetten eines Heckrindes und eines Konik-Pferdes. Außerdem gibt es Infotafeln zum LIFE-Natur-Projekt und den zum Erhalt der Heiden eingesetzten Tiere.
- Neun Mitmachstationen begleiten den rund drei Kilometer langen Erlebnispfad.
- Der Erlebnispfad und auch viele andere Wege können bis auf einige sandige Abschnitte gut mit dem Rad befahren werden.
- Inmitten des Heidegebietes fällt – besonders auf Luftaufnahmen – eine schnurgerade Struktur auf. Es ist ein mehrere Hundert Meter langer und rund zehn Meter breiter Burgwall aus Heideplaggen. Archäologen vermuten, dass der Wall mindestens 400 Jahre alt ist, früher mit dichten Hecken bepflanzt war und angelegt wurde, um Wanderer und Fuhrwerke am Überqueren zu hindern.

13 Wernerwald und Finkenmoor

WALDBADEN MIT NORDSEEBRISE

Lust auf einen ausgedehnten Waldspaziergang und den Blick auf einen kleinen Moorsee, auf dem die Seerosen in voller Blüte stehen? Nur im Ortsteil Sahlenburg kann man dies in unmittelbarer Nähe zur Nordseeküste. Die Wander- und Reitwege im Wald erfreuen sich bei Touristen und Einheimischen großer Beliebtheit.

Zwischen den Cuxhavener Ortsteilen Duhnen und Berensch reicht der Geestrücken der Hohen Lieth fast bis an die Küste der Nordsee. Durch Erosion und Brandung hat sich eine mehr oder weniger deutliche Abbruchkante gebildet, ein sogenanntes Geestkliff. Diese Geländekante ersetzt hier im Unterschied zur übrigen niedersächsischen Nordseeküste den Deich.

Der sandige Boden in dem Küstenstreifen entstand im Verlauf der letzten Eiszeiten, die mit ihren Gletschern Gestein und Sand aus Skandinavien vor sich herschoben, zerkleinerten und ablagerten. Auf diesem Boden aus nährstoffarmen Sanden und Steinen konnte sich, im Gegensatz zur Marsch, nur eine karge Vegetation entwickeln. Zudem fielen die nacheiszeitlichen Eichen- und Birkenwälder überwiegend der menschlichen Holz- und Weidewirtschaft zum Opfer. So entstand im Laufe der Jahrhunderte eine ausgedehnte Heidelandschaft mit eingesprenkelten Ackerflächen.

Finkenmoor

Nach der Aufteilung der Sahlenburger Gemeindeweide 1880 wurde mit der Aufforstung der an Hamburg gefallenen Heide- und Sandflächen begonnen. Doch der ausgelaugte Heideboden und der kräftige, salzhaltige Seewind erschwerten das Projekt. Nur besonders anspruchslose Nadelbaumarten wie die Schwarzkiefer konnten anfangs unter diesen extremen Bedingungen wachsen.

Doch mittlerweile ist nach über 140 Jahren, trotz anfänglicher Rückschläge, ein rund 315 Hektar großer Wald entstanden, der nach seinem Begründer, dem Hamburger Amtsverwalter

Dr. Charles Anthony Werner, benannt wurde. Zwischen den Schwarzkiefern sieht man inzwischen immer mehr Laubbäume, ein Zeichen dafür, dass es dem Wald gut geht. Seit 1938 steht der Wernerwald unter Landschaftsschutz, seine küstennahen Bereiche sind heute Bestandteil des Nationalparks Niedersächsisches Wattenmeer.

Vom westlichen Ende des Sahlenburger Sandstrandes sind es nur wenige Hundert Meter bis zu einem kleinen See mitten im Wald. Das Finkenmoor ist ein malerischer Süßwassersee, der von Verlandungsbereichen mit Seggen- und Schilfröhricht gesäumt wird. Im Sommer ist der See fast vollständig von blühenden Seerosen bedeckt, die auf eine geringe Tiefe des moorbraunen Wassers und einen hohen Nährstoffgehalt hindeuten.

Das Finkenmoor hat sich im Laufe eines Jahrtausende andauernden, natürlichen Verlandungsprozesses entwickelt. Aber auch der Mensch hat mehrfach durch Eingriffe seinen Charakter verändert. So wurde Anfang des 20. Jahrhunderts durch einen Durchlass im Dünenriegel das Moor entwässert, um mehr Wald anpflanzen zu können. Doch schon 1938 hat man den Abfluss wieder verschlossen und das Finkenmoor als Naturdenkmal unter Schutz gestellt.

Seerosenblüte

Info

Länge: Der Wernerwald erstreckt sich zwischen Sahlenburg, Holte-Spangen und Arensch, im Westen reicht er bis auf wenige Meter an die Nordseeküste heran.

Weitere Aktivitäten:

- Kletterpark Cuxhaven: Vom April bis September kann man unter fachkundiger Anleitung von Rangern unterschiedlich schwierige Routen in luftiger Höhe zwischen den Bäumen des Wernerwaldes in Angriff nehmen; *kletterpark-cuxhaven.de*
- Waldfreibad Sahlenburg: Im Juli und August ist das beheizte Freibad täglich geöffnet; Wernerwaldstraße 20, Tel. 04721 446466, *nordseeheilbad-cuxhaven.de/poi/waldfreibad-sahlenburg*
- Eine kurze Radtour beginnt an der Wernerwaldstraße Ecke Oskar-von-Brock-Straße. Von hier fährt man auf einem schnurgeraden geschotterten Weg durch den Wernerwald bis Arensch. Der Rückweg verläuft an der Geestkante entlang mit Blick aufs Meer. Besonders zu empfehlen in der Abendsonne!

Übernachten:

- Campingplatz Wernerwald: Auf einem rund acht Hektar großen Teil des Wernerwaldes nahe Sahlenburg und Strand befindet sich ein ganzjährig geöffneter Campingplatz mit mehr als 400 Dauerstellplätzen und 65 Touristen-Stellplätzen. Teil des Campingplatzes ist ein Baumhaus, das man für Übernachtungen mieten kann; Wernerwaldstraße 6, 27476 Cuxhaven Sahlenburg. *nordseeheilbad-cuxhaven.de/poi/campingplatz-wernerwald*

Einkehren:

- Kliff: Das Restaurant liegt direkt am Waldrand; Wernerwaldstraße 4, 27476 Cuxhaven Sahlenburg, *kliff-restaurant.de*, (siehe Tipp 15).

HINWEIS: Das Finkenmoor kann man in rund einer halben Stunde auf einem Wanderweg umrunden.

14 Wattenmeer-Besucherzentrum

SCHÜTZENSWERTER LEBENSRAUM WATT

Das 2015 eröffnete Besucherzentrum, kurz WattBz, ist schon von der Architektur ein Hingucker – ikonisch und doch harmonisch in die Landschaft integriert. Mit seiner thematisch weitgefächerten Dauerausstellung vermittelt das WattBz alles Wissenswerte über das Welterbe Wattenmeer, auf das man durch die Panoramafenster bis zur Insel Neuwerk blickt.

Das erste Wattenmeer-Besucherzentrum erfreute sich seit 1989 im Sahlenburger Strandhochhaus großer Beliebtheit, doch irgendwann wurde die Ausstellungsfläche zu klein – und besonders repräsentativ war der Standort auch nicht. Das neue Besucherzentrum befindet sich in einem eindrucksvollen dreistöckigen Holzbau zwischen Wattenmeer, Küstenheide und Salzwiesen. Das Gebäude und die Dauerausstellung wurden als Einheit geplant und realisiert und harmonieren so hervorragend miteinander.

14 Themenkomplexe – Nationalpark, UNESCO-Welterbe, Weltnaturerbe Wattenmeer, Welterbe Wissen, Weltnaturerbe vor Ort, Ebbe und Flut, Wetter, Klima, Klimawandel, Landschaftsgeschichte, Ökologie und Lebensräume, lebendige Tide und Elbe, Biodiversität und Arten, Geestkliff und Heide, Natur und Mensch, UNESCO-Biosphäre – werden mit Multimedia-Installationen verständlich erklärt.

Im Tidemodell, das die Besucher fluten und trockenlegen können, werden die Gezeiten anschaulich dargestellt. Es zeigt selbst die Prickenwege von Duhnen und Sahlenburg zur Insel Neuwerk.

Erbe der Menschheit

Wetter, Klima, Klimawandel

Im Modell ist gut zu erkennen, dass bei Flut zuerst die Priele vollaufen und Wattwanderern so den Rückweg abschneiden, obwohl noch fast das ganze Wattenmeer trockenliegt. Wer glaubt, durch die Priele schwimmen zu können, begibt sich wegen der starken Strömung in Lebensgefahr.

Ästuare sind die Mündungsbereiche großer Flüsse ins Meer. Ein großes Luftbild zeigt den Verlauf der Elbe, die bei Cuxhaven eine Breite von 15 Kilometern erreicht. Ebbe und Flut spürt man noch rund 140 Kilometer landeinwärts, erst bei Geesthacht wird der Tideeinfluss durch ein Wehr gestoppt. Durch Ebbe und Flut bilden sich Zonen mit unterschiedlichem Salzgehalt, was für Lebewesen einen extremen Lebensraum darstellt. Mehr als 80.000 Schiffe passieren jedes Jahr Cuxhaven; damit sie immer genügend Wasser unter dem Kiel haben, muss die Elbe ständig ausgebaggert werden.

Seevögel hautnah

Starke Stürme aus Westen und mit ihnen einhergehende Sturmfluten haben seit Jahrtausenden die Küsten der Nordsee geformt. Jadebusen und Dollart sind durch Sturmfluten im Mittelalter entstanden; bis heute wandern die Ostfriesischen Inseln ständig in Richtung Osten. Auf einer Zeittafel kann man sich die verheerendsten Sturmfluten seit dem Mittelalter anschauen. Aus jüngerer Zeit ist die Sturmflut vom Februar 1962 besonders in Erinnerung geblieben, die bis nach Hamburg immense Schäden verursacht hat. Noch weit höher lief das Wasser im Januar 1976 auf, als ein Orkan und eine Springtide zusammenkamen. Es war die höchste Sturmflut an der deutschen Nordseeküste seit Beginn der Messungen. Die Schäden waren aber relativ gering, da die Deiche nach 1962 erhöht und verstärkt wurden.

Wisent

Lage: Nordheimstraße 200, 27476 Cuxhaven

Website: *cuxhaven.de/cuxhaven-entdecken-and-erleben/wattenmeer-besucherzentrum.html*

Info

HINWEISE:

- Kinder können sich einen Audioguide ausleihen und sich von Ranger Jan durch die Ausstellung leiten lassen.
- Unter dem Tisch mit den Tierpräparaten gibt es eine Kinderhöhle, in der die Kleinen sich Filme anschauen können.

15 Kliff

RESTAURANT MIT BESTER AUSSICHT

Hier werden Kaffee und Kuchen, Nordsee-Tapas und Dorumer Krabbensuppe fast zur Nebensache, zumindest wenn die Sonne im Meer versinkt. Das Kliff ist das Restaurant mit der wohl besten Aussicht im Cuxland.

Kliffrestaurant

Seit 1953 stand am Westrand des Wernerwaldes in Sahlenburg auf dem Geestkliff ein Marineturm. Von ihm sollten Bombenabwürfe auf dem Knechtsand im Wattenmeer beobachtet werden. Danach nutzte bis 1990 die Marinefernmeldegruppe den Turm; nachdem auch die automatische Sendestelle 2000 stillgelegt wurde, stand der Turm bis zum Abriss 2014 leer. Der leere Bauplatz war ein Filetstück in bester Lage und 2019 begannen die Bauarbeiten für ein neues Café und Restaurant, das ein Jahr später eröffnet wurde.

Für das städtebaulich nicht unbedingt sehenswerte Sahlenburg ist es zum architektonischen Highlight geworden. Der moderne Neubau in Solitärlage mit viel Holz und durchgehender Glasfront thront auf dem Geestkliff und schmiegt sich an den Wernerwald an – ziemlich spektakulär und doch recht angepasst. Kliff heißt das neue Schmuckstück des Badeortes, gebaut hat es das Unternehmerpaar Jörg und Carola Itjen.

Auf den Namen Itjen stößt man in Cuxhaven häufiger, denn die gleichnamigen Bäckereien und Konditoreien gibt es schon seit

Terrasse mit Ausblick

mehr als 100 Jahren, mittlerweile setzt die vierte Generation die Familientradition fort. Egal, ob man auf der großen Terrasse oder bei Schietwetter hinter der Glasfront sitzt, die Aussicht ist nicht zu toppen. Bei Ebbe schaut man aufs Watt bis nach Neuwerk und kann die Reiter und Wattwanderer beobachten. Bei Flut und genügend Wind jagen die Kitesurfer über das Wasser und zeigen ihre spektakulären Sprünge. Zum Sonnenuntergang wird man auf der Terrasse kaum einen Platz bekommen, denn nirgendwo versinkt die Sonne fotogener im Meer.

Vor der Terrasse steht eine Holzskulptur auf einer viereckigen Säule. Stoisch starrt der Mann mit der Badehose, über der sich ein stattlicher Bauch wölbt, und dem Surfbrett unter dem Arm aufs Meer. Weitere Merkmale sind sein kahler Schädel, die abstehenden Ohren und – die Knollennase. Spätestens jetzt könnte man auf den Künstler kommen, denn Jonas Kötz hat bestimmt schon Hunderte dieser Knollennasenmänner geschaffen, als Skulpturen und als Kinderbuchillustrationen. Die meisten seiner Werke draußen sind aus unverwüstlichem Dalbenholz, stehen auf unterschiedlich hohen Säulen und schauen stoisch in die Gegend. Aber auch drinnen findet man sie, dann meistens ohne Säule und kleiner.

Auch wenn er bisher schon mehr als 60 Kinderbücher illustriert hat: Die Skulpturen sind mittlerweile so erfolgreich, dass er fast nichts anderes mehr macht. Seit 1997 lebt und arbeitet Jonas Kötz auf einem Resthof auf der Elbinsel Krautsand. Die Frage, wie er die Knollenmänner macht, beantwortet er auf seiner Webseite kurz und knapp: „Man geht morgens in die Scheune, sucht sich ein Stück Holz in der richtigen Länge. Dann nimmt man weg, was zu viel ist! Fertig."

Knollennasenmännchen

Info

Lage: Wernerwaldstraße 4, Am Sahlenburger Strand, 27476 Cuxhaven

Website: *kliff-restaurant.de*

Weitere Aktivitäten:

- Kiterei: Kurse für Anfänger und fortgeschrittene Surfer und Kiter in Sahlenburg direkt neben dem Kliff, Verleih von Ausrüstungen, Buchung von Unterkünften; *kiterei.de*

HINWEIS: Wer mehr über den Erfinder der Knollennasenmännchen erfahren möchte, kann sich bei ihm auf der Elbinsel Krautsand einquartieren. Das ehemalige Backhaus seines Anwesens auf einer eigenen kleinen Wurth hat er in ein luxuriöses, reetgedecktes und rundum mit Fenstern ausgestattetes Ferienhaus verwandelt; Schanzenstraße 24, 21706 Drochtersen, Elbinsel Krautsand, *jonas-koetz.de*

16 Entdeckungspfad Duhner Heide

KLEINOD MIT BLICK AUF WATT UND SALZWIESEN

Die Cuxhavener Küstenheiden sind ein besonderer Lebensraum, in dem mehr als 200 seltene und gefährdete Tier- und Pflanzenarten leben. Mit rund 30 Hektar bildet die Duhner Heide nur einen kleinen Teilbereich dieses Lebensraumes. Seit 2001 ist sie Teil des Nationalparks Niedersächsisches Wattenmeer und darf zum Schutz der empfindlichen Natur nur auf den Wegen betreten werden.

Der Anfang des Entdeckungspfades befindet sich an der Beobachtungsplattform am Radweg zwischen Duhnen und Sahlenburg. Von der Plattform genießt man einen weiten Blick bis zur Insel Neuwerk und sieht auch die großen Schiffe auf der Fahrt zur Elbmündung. Vor der Duhner Heide liegt der sogenannte Anwachs, der durch ein Projekt zur Landgewinnung entstanden ist. Bis in die 1990er-Jahre war das neue Land noch Schafweide, heute ist es Ruhezone des Nationalparks und kann sich mit seiner speziellen Pflanzen- und Tierwelt ungestört entwickeln.

Salzwiesenaussicht

Am Anfang des Pfades liegt, kaum auszumachen hinter Bäumen, eine feuchte Senke. In ihr hat sich ein kleines Moor mit typischen Pflanzen wie dem fleischfressenden Sonnentau und dem Wollgras mit seinen wattebauschähnlichen Fruchtständen gebildet.

Der Entdeckungspfad führt durch eine leicht wellige Landschaft mit bis zu drei Meter hohen Erhebungen. Dies sind meist Dünen, die sich durch Flugsand des Geestkliffs gebildet haben. Die Dünen wandern aber schon lange nicht mehr, die meisten sind mit Humus und Vegetation bedeckt, nur stellenweise sieht man noch den Sand.

Das Landschaftsbild einer Heide prägen hauptsächlich drei Pflanzen: Besenheide, Glockenheide und Krähenbeere. Wegen

Sand und Heide

ihrer hellvioletten Blüten im Spätsommer ist die Besenheide besonders auffällig und jeder kennt sie als charakteristische Heidepflanze. Sie liebt trockene und nährstoffarme Böden. Die Glockenheide wächst meist als Zwergstrauch und nicht so flächig wie die Besenheide, ihren Namen verdankt sie den glockenförmigen Blüten. Sie bevorzugt eher feuchte Standorte und blüht zwei bis drei Wochen vor der Besenheide.

In den Cuxhavener Küstenheiden kommt auch die sonst im norddeutschen Festland seltene Krähenbeere vor. Im Unterschied zu den beiden anderen typischen Heidepflanzen bevorzugt sie ein kühles und niederschlagsreiches Klima. Die Krähenbeere blüht von Mai bis Juni, danach bildet sie zahlreiche beerenartige schwarze Steinfrüchte, die unter anderem auch Krähen als Nahrung dienen.

Viele archäologische Funde belegen eine Besiedlung der Heidegebiete seit der Steinzeit. Auf der Geest waren die Menschen vor Sturmfluten sicher und konnten hier gefahrlos ihre Häuser bauen. Sie rodeten den Wald für Acker- und Weideflächen und benötigten Bau- und Brennholz. So verschwand der Wald und auf dem kargen Boden bildeten sich ausgedehnte Heideflächen. Und auch die nutzten die Menschen, es entstand die Heidewirtschaft. So sind Heiden keine Naturlandschaft, sondern eine Kulturlandschaft, würde man sie nicht pflegen, käme der Wald zurück.

Krähenbeere

Info

Lage: Die Duhner Küstenheide liegt zwischen den Cuxhavener Stadtteilen Duhnen und Sahlenburg an der Küste.

Weitere Aktivitäten: Nur wenige Hundert Meter entfernt: das Wattenmeer-Besucherzentrum; *cuxhaven.de/cuxhaven-entdecken-and-erleben/wattenmeer-besucherzentrum.html* (siehe Tipp 14)

HINWEISE:

- Entlang des rund zwei Kilometer langen Entdeckungspfades gibt es zwölf Infotafeln, die Hintergrundwissen zur Landschaft vermitteln.
- Für Radfahrer ist der oft schmale Pfad wegen sandiger Passagen nicht geeignet.

APOLLO
Wurster
Nordseeküste

Kutter im Sielhafen Wremen

Wurster Nordseeküste

17. Pipinsburg: von der Pipinsburg ins Dorumer Moor
18. Sielhäfen: Küstenfischerei im Land Wursten
19. Leuchtturm Obereversand: Leuchtfeuer auf Stelzen mit luftiger Treppe
20. Deichmuseum Dorum: Kampf gegen den Blanken Hans
21. Wremer Museumsinsel: Muschelmuseum und Museum für Wattfischerei
22. Kleiner Preuße: Leuchtturm mit Geschichte
23. Alpakahof Misselwarden: Vlies der Götter

Hamburg-Insel
Neuwerk
Elbe
Duhnen
Stickenbüttel
Sahlenburg
Cuxhaven
Elbe
Groden
Elbe
73
Arensch
Altenbruch
73
Nordsee
Spiekaer
Siel
Oxstedt
Lüdingworth
18
Spiekaer
Neufeld
Nordholz
Sea-Airport
Cuxhaven/
Nordholz
Spiekaer
Nordermarren
Flugplatz
Nordholz-Spieka
19
Cappel-
Neufeld
18
Spiekaer Weg
Osterwanr
Altendeich
Midlum
E234
23
27
Dorumer Moor
Ahlen-
Falkenberg
20
NIEDERSACHSEN
Dorum
Holßel
Harmsbüttel
Wurster
Nordseeküste
17
18
22
21
Flöge
Wremen
Fickmühlen
Debstedt
Drangstedt
Wehden
Neumühlen
Weddewarden
Langen

17 Pipinsburg

VON DER PIPINSBURG INS DORUMER MOOR

Der Rundweg führt durch die für das Cuxland typischen Landschaftsformen von Moor, Geest und Grünland. Sekundäre Moorwälder, Sandheideflächen, Äcker und Wiesen liegen hier dicht beieinander. Außerdem gibt es eine Fülle von archäologischen Relikten, die eine Besiedlung seit dem 3. Jahrtausend v. Chr. belegen.

Die Pipinsburg liegt am Nordufer der Sieverner Aue, auf der Westspitze einer schmalen Geestzunge. Von der Straße führen einige Stufen zu den spärlichen Resten der Burganlage. Noch gut zu erkennen ist ein rund sechs Meter hoher Erdwall mit einem Durchmesser von 60 Metern. Eine Burgruine oder auch nur Mauer- oder Steinreste gibt es nicht mehr, die Steine wurden im Laufe der Geschichte abgetragen und anderweitig verwendet.

Archäologen gehen anhand von Funden und Aufzeichnungen von einem Baubeginn um das Jahr 1000 aus, etwa 1600 erhielt die Anlage wahrscheinlich den Namen Pipinsburg. Bei Ausgrabungen Anfang des 20. Jahrhunderts hat man Überreste von rund einem Dutzend Gebäuden innerhalb der Befestigungen gefunden. Insgesamt gibt es aber nur wenige Funde oder Aufzeichnungen über die Geschichte der Pipinsburg.

Zur Geestkante war keine Befestigung notwendig, während landeinwärts zwischen der sich in nordöstlicher Richtung rund 250 Meter weit erstreckenden Vorburg und der Hauptburg noch weitere Wälle und Gräben den Zugang sicherten. Die Vorburg selbst war mit einem niedrigen Wall mit Graben geschützt.

Hochmoorvegetation

Im Geestbereich östlich von Sievern befinden sich viele archäologische Fundstellen, die eine Besiedlung seit dem 3. Jahrtausend v. Chr. belegen. Dazu gehören mehrere Großsteingräber, über 100 Hügelgräber aus der Bronzezeit (2200–800 v. Chr.) sowie die Ringwallanlagen Heidenstadt und Heidenschanze (50 v. Chr.).

Der Rundweg von der Pipinsburg beginnt direkt am Burgwall und führt entlang einiger archäologischer Fundstätten durch die eiszeitlichen Ablagerungen der Geest und durch das Dorumer Moor. Das Dorumer Moor hat sich im Laufe von Jahrtausenden in einer Senke inmitten der Geest (Hohe Lieth) gebildet. Viele Jahrhunderte lang wurden Teile des Moores entwässert und zur Torfgewinnung genutzt. In den letzten Jahren wurde das Moor wieder teilweise vernässt, sodass es mittlerweile wieder ein Lebensraum für viele moortypische Pflanzen- und Tierarten ist.

Im Osten führt der Rundweg wieder aus dem Moor heraus. Hier trifft man auf einen landwirtschaftlich genutzten Geestbereich, der von Ackerbau und Grünlandwirtschaft dominiert wird.

Auf dem Rückweg passiert man die Siebenbergsheide mit ihren Hügelgräbern. Dann durchquert man erneut das Moor und verlässt entlang des Landschaftswechsels vom Hochmoor zur Geest das Naturschutzgebiet Dorumer Moor.

Einen letzten Höhepunkt bildet das Großsteingrab Bülzenbett aus der jungsteinzeitlichen Trichterbecherkultur (zweite Hälfte des 3. Jahrtausends v. Chr.). Die Grabkammer bestand ursprünglich aus zehn Tragsteinen, wovon heute noch neun erhalten sind, und drei Decksteinen. Der mittlere Deckstein wurde gesprengt und ist dadurch teilweise in den Innenraum gestürzt.

Bülzenbett

Info

Lage: Die Pipinsburg liegt rund 28 Kilometer südlich von Cuxhaven.

Website: *geestland.eu/Freizeit/Sehenswert/Buelzenbett-und-Pipinsburg.htm*

HINWEISE:

- Der Rundweg ist 8,3 Kilometer lang. Es gibt aber auch eine kürzere Alternative von 4,8 Kilometern.
- Entlang des Weges findet man mehrere Informationstafeln, die auf die archäologischen Besonderheiten und die verschiedenen Lebensräume mit ihren seltenen Pflanzen- und Tierarten hinweisen.

18 Sielhäfen

KÜSTENFISCHEREI IM LAND WURSTEN

Zu den beliebtesten Fotomotiven im Cuxland zählen die Sielhäfen vor den Deichen der Wurster Nordseeküste. Mit etwas Geduld und dem Tidenkalender zur Hand kann man die Boote beim Ablegen beobachten oder sie nach dem Fang zurückkommen sehen.

Die drei Kutterhäfen an der Wurster Küste – Spieka-Neufeld, Dorum-Neufeld und Wremen – haben zwar viele Gemeinsamkeiten, aber doch ihre jeweils ganz eigene Atmosphäre. In allen gibt es rund ein halbes Dutzend Kutter, die bei Flut durch eine enge Fahrrinne, das Tief, hinaus aufs Meer fahren, um vor allem nach Schollen und Granat zu fischen. Eine Rückkehr in den Hafen ist nur in zeitlicher Nähe zur Flut möglich, denn bei Ebbe fallen die Sielhäfen trocken und die Boote liegen im Schlick.

Spieka-Neufeld, der nördlichste Sielhafen, ist der ursprünglichste und ruhigste, hier spielt der Tourismus noch kaum eine Rolle. Und auch im Ort Spieka-Neufeld hinter dem Deich ist nicht viel los. Wer Ruhe sucht, ist hier genau richtig und kann den Blick über die Salzwiesen streifen lassen und den Möwen bei ihrem Gezeter zuhören. Wem das gefällt, der kann auf dem Camping- und Wohnmobilstellplatz vor dem Deich übernachten.

Sielhafen Spieka

Fährt man auf der Straße hinter dem Deich weiter in Richtung Süden, kommt man nach Dorum, einem der Touristenzentren an der Wurster Nordseeküste. Auch hier liegen die malerischen Kutter bei Ebbe im Schlick und gehen bei Flut auf Krabbenfang. Doch mit dem markanten Leuchtturm Obereversand auf Stelzen gibt es ein Fotomotiv, das mindestens ebenso attraktiv ist (siehe Tipp 19). So ist es nicht verwunderlich, dass es sowohl im Deichvorland als auch im Ort gastronomisch ziemlich viel Abwechslung gibt. Mit dem Nationalparkhaus Wurster Nordseeküste und dem Freizeitbad Watt'n Bad gibt es weitere attraktive Angebote für Besucher.

Noch weiter südlich und nur noch wenige Kilometer von Bremerhaven entfernt liegt der Kutterhafen von Wremen. Auch er schmückt sich mit einem Leuchtturm, dem Kleinen Preußen (siehe Tipp 22). Neben dem halben Dutzend Kuttern der Berufsfischer liegen hier auch einige Sport- und Freizeitboote.

In den Sielhafen mündet die Wremer Wasserlöse, ein Kanal, der das Marschland entwässert, das sonst landwirtschaftlich nicht zu nutzen wäre. Bei Hochwasser wird das Siel geschlossen, Meerwasser wird so zurückgehalten; bei Ebbe wird es geöffnet, somit kann das Wasser aus dem Marschland abfließen. Diese alltägliche Prozedur hat noch einen weiteren wichtigen Effekt: Sie spült den Schlick aus dem Hafen und hält so die Fahrrinne frei.

Ab den 1960er-Jahren begann man mit dem Bau des Grauwallkanals bei Bremerhaven, um das Marschland effektiver entwäs-

Kutter in Spieka

sern zu können. Diesen Zweck erfüllte der Kanal zur vollsten Zufriedenheit, doch die Sielhäfen konnten mit der verbliebenen Wassermenge nicht mehr gespült werden, was zu einer stärkeren Verschlickung führte. Erst durch das Anlegen eines Sees im Hinterland, einem sogenannten Mahlbusen, in dem Wasser zum Durchspülen gesammelt werden kann, wurde das Problem der Verschlickung gelöst.

Info

Lage: 27639 Wurster Nordseeküste. Spieka-Neufeld liegt etwa 15 Kilometer, Dorum-Neufeld ca. 23 Kilometer und Wremen ca. 28 Kilometer von Cuxhaven entfernt.

Übernachtung:

- Knaus Campingpark Spieka: Von April bis September ist der Campingplatz auf dem Deichvorland geöffnet. Der Platz ist nicht sturmflutsicher und kann deshalb im Herbst früher geschlossen werden; Deichweg/Am Kutterhafen Spieka, 27639 Wurster Nordseeküste Spieka-Neufeld, *knauscamp.de/spieka-wattenmeer.html*

Einkehren: siehe Tipp 19, Leuchtturm Dorum-Neufeld und Tipp 22, Leuchtturm Kleiner Preuße

Website: *wursternordseekueste.de*

HINWEISE:

- Rund zwei Stunden vor Hochwasser laufen die Krabbenkutter wieder in den Hafen ein. Nach dem Anlegen kann man oft frischen Granat direkt vom Kutter kaufen.
- In Dorum-Neufeld und Wremen informieren Tafeln über die Kutter im jeweiligen Hafen.
- Schöne Radtour: Nehmen Sie das Fahrrad mit in den RB 33 und fahren Sie von Cuxhaven Hauptbahnhof in rund 30 Minuten nach Wremen. Von hier sind es rund 40 Kilometer zurück nach Cuxhaven, auf kleinen Straßen oder Radwegen direkt am Meer. Unterwegs kommen Sie an allen drei Sielhäfen vorbei.

19 Leuchtturm Obereversand

LEUCHTFEUER AUF STELZEN MIT LUFTIGER TREPPE

Rund um den Kutterhafen von Dorum-Neufeld ist immer etwas los: Spaßbad, Nationalparkhaus, die malerischen Kutter und die vielfältige Gastronomie locken Besucher an diesen Teil der Wurster Küste. Doch die Hauptattraktion und das Wahrzeichen Dorums bildet der hoch aufragende Leuchtturm am Ende der Seebrücke.

Im Jahr 1887 wurden die beiden Leuchttürme Obereversand und Untereversand auf Eisengerüsten in der Außenweser, am sogenannten Wurster Arm, in Betrieb genommen. Durch diesen Arm verlief damals die Hauptwasserstraße nach Bremerhaven. Doch 1922 musste das Hauptfahrwasser wegen neuer Sandbänke und Untiefen in den Fedderwarder Arm verlegt werden, womit die beiden Leuchttürme überflüssig wurden. Einige Jahre lang wurde Obereversand noch als Zuflucht für Schiffbrüchige genutzt, bis 2003 die Umsetzung nach Dorum-Neufeld erfolgte. Untereversand steht bis heute an seinem Platz und dient Kormoranen als Brutplatz.

Leuchtturm mit Zugang

Obereversand wurde am Kutterhafen am Ende einer neuen Seebrücke aufgestellt, erhielt als neuen Zugang einen seitlichen Treppenturm bis zur ersten Galerie und eine außen liegende Wendeltreppe als Notausgang. Diese baulichen Maßnahmen waren die Voraussetzung für eine touristische Nutzung. Die Leuchtturmwärter konnten ihren Arbeitsplatz früher nur über eine Leiter erreichen, die man bis heute an einem Fuß des Leuchtturms erkennen kann.

Nachdem man vom Kutterhafen über die Seebrücke spaziert ist, gelangt man zu der 84-stufigen Außentreppe, die hinauf zum Eingang des Leuchtturmes und zur Ausstellung führt. Über eine Treppe gelangt man im Innern vom Lagerraum über die Küche

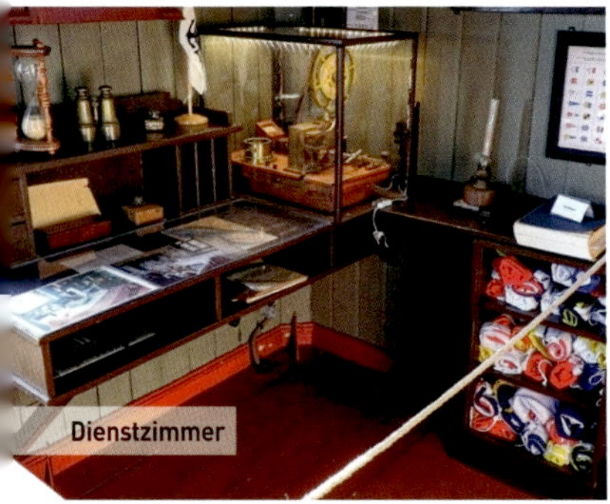

und das Dienstzimmer bis zum Laternenraum und der offenen Galerie. Die Küche mit Herd, Esstisch, Anrichte, Tellerbord, Schlafkoje und Spind war für die beiden Leuchtturmwärter zentraler Treffpunkt zum Essen und für einen Klönschnack. An der Wand hängt eine historische Karte mit den Leuchttürmen in der Wesermündung. Das Dienstzimmer im nächsten Stockwerk gibt mit seiner weitgehend erhalten gebliebenen Originaleinrichtung einen Einblick in die Arbeit der Leuchtturmwärter. Vor dem Fenster steht der Schreibtisch mit dem Turmtagebuch, daneben befindet sich die Telegrafeneinrichtung samt den Journalen für die ein- und ausgehenden Schreiben.

Über weitere Treppenstufen gelangt man zum Laternenraum, der heute dank der Bemühungen des Fördervereins wieder ein, wenn auch schwaches, Leuchtfeuer enthält. Seit 2004 dient der 37,4 Meter über das mittlere Tideniedrigwasser aufragende Turm als Hafenfeuer von Dorum-Neufeld. Bei Dunkelheit ist sein Licht fünf Seemeilen weit zu sehen – dafür sorgt eine einzige Energiesparlampe mit fünf Watt.

Von der offenen Galerie bietet sich bei gutem Wetter ein einmaliger Blick auf den Kutterhafen, die Küste des Landes Wursten, das Niedersächsische Wattenmeer, die neuen Leuchttürme in der Wesermündung und sogar auf die Insel Neuwerk.

Info

Lage: Am Kutterhafen 3, Dorum-Neufeld, 27639 Wurster Nordseeküste

Weitere Aktivitäten:

- Watt'n Bad: Ein beheiztes Hallenbecken sowie ein weitläufiger Außenbereich mit großer Rutsche und weiteren Aktivitäten laden auch bei Schietwetter zum Besuch ein; Am Kutterhafen 3, 27632 Wurster Nordseeküste, *wursternordseekueste.de/poi/wattn-bad*
- Nationalparkhaus Wurster Nordseeküste: Die Ausstellung neben dem Freizeitbad informiert modern und multimedial über das Wattenmeer und den Nationalpark. Mehrere Aquarien zeigen den Lebensraum Wattenmeer, außerdem werden Wattspaziergänge, Vogelführungen und viele weitere Aktivitäten angeboten; Am Kutterhafen 3, 27639 Wurster Nordseeküste, *nationalparkhaus-wattenmeer.de/nationalpark-haus-wurster-nordseekueste*

Einkehren:

- Strandhalle: Von hier hat man die beste Aussicht auf den Kutterhafen und den Leuchtturm; Am Kutterhafen 2, 27639 Dorum-Neufeld, *strandhalle-dorum.de*
- Um den Kutterhafen gibt es rund ein halbes Dutzend Stände für den kleinen Hunger.

Website: *obereversand.de*

HINWEIS: Heiratswillige können sich im Leuchtturm trauen lassen, Infos beim Standesamt Tel. 04742 87303, *obereversand.de/heiraten*

20 Deichmuseum Dorum

KAMPF GEGEN DEN BLANKEN HANS

Die Geschichte der Nordseeküste ist auch eine der Sturmfluten. Sie haben immer wieder ganze Landstriche verwüstet, Hab und Gut vernichtet und viele Menschenleben gekostet. Solange sich Menschen an der Küste oder im direkten Hinterland ansiedelten, mussten sie gegen den Blanken Hans kämpfen, anfangs mit Wohnhügeln, den Wurten, später mit Deichen.

Ein Land, wo Milch und Honig fließt, so soll Christoph von Braunschweig-Wolfenbüttel, Erzbischof von Bremen (1487–1558), die Marschgebiete an der Nordseeküste beschrieben haben. Dieses Land musste von seinen Bewohnern, zwischen Elbe und Weser waren es die Wurster, unter größten Anstrengungen gegen das Meer verteidigt werden. Vor rund 2000 Jahren fing man an, auf kleinen Hügeln, den Wurten, zu siedeln, Deiche zum Schutz der ganzen Küste wurden erst rund 1000 Jahre später erfunden.

Nirgendwo an der Nordseeküste findet man so viele Wurten wie hier. Fast 400 sind es, deshalb ist es auch nicht verwunderlich, dass der Name des Landstrichs von diesen Wohnhügeln stammt: Aus dem Land der Wurten wurde das Land der Wursten.

Zwei große Tafeln listen die verheerendsten Sturmfluten der letzten 1000 Jahre auf, darunter die „Grote Mandrenke" von 1362, auch Marcellusflut genannt, bei der die Stadt Rungholt unterging und rund 100.000 Menschen ertranken. Bei der „Zweiten Großen Mandrenke", von 1634, auch Burchardiflut genannt, wurde die große Insel Strand in Pellworm, Nordstrand und Nordstrandischmoor zerrissen und 9000 Menschen starben.

Neben der Eingangstür zum Museum zeigen Schilder anschaulich, dass die Sturmfluten im Laufe der Jahrhunderte immer höher aufliefen und dass deshalb die Deiche ständig verstärkt und erhöht werden mussten. Das Schild unter dem Dach gibt die Deichhöhe im Jahr 1976

Deichbau früher

mit 8,7 Metern an, mittlerweile ist man schon bei 9,4 Metern angekommen. Sollte der Klimawandel weiter voranschreiten, dürfte auch diese Deichhöhe bald nicht mehr ausreichen.

Im Erdgeschoss erfährt man, wie die Menschen früher ihre Deiche bauten, im Obergeschoss, wie heute Deiche gepflegt werden und welche Zerstörungen Sturmfluten anrichten können. Auf den ersten Blick wirken Gebäude und Ausstellung sehr nüchtern,

Deichnadel und andere Geräte

Schubkarre und Stiefel

doch je mehr Zeit man sich nimmt, desto interessanter wird der Museumsbesuch. Die Informationen sind zwar multimedial animiert, dafür aber sehr fundiert. Auf der Höhe der Zeit ist die webbasierte Besucherführung über das Smartphone.

Besonders beeindruckend ist der Ausstellungsteil über den Deichbau im Wandel der Zeit im Obergeschoss. Eine Sammlung von Geräten zum Deichbau zu Zeiten, als es noch keine Maschinen gab, zeigt, was für eine Knochenarbeit es war, den klebrigen Kleiboden mit Schubkarren aufzuschütten und ihn dann mit Grassoden abzudecken. Auch die Struktur von Deichen hat sich im Laufe der Zeit nach dem Prinzip Versuch und Irrtum weiterentwickelt. Früher hat man die Seeseite eines Deiches als steile Wand gebaut, bis man verstanden hatte, dass eine sanft ansteigende Seeseite die Kraft der Wellen viel effektiver bricht. Heute sind Deiche gewaltige Bauwerke mit einer Höhe von bis zu zehn Metern und einer Breite von weit über 100 Metern.

Lage: Poststraße 16, 27639 Wurster Nordseeküste Dorum

Website: *deichmuseum-landwursten.de*

HINWEISE:

- Mit dem Smartphone kann man auf eine mediale Besucherführung gehen. Zu 32 Museumsexponaten bekommt man so Informationen.
- Auf der Website werden sieben Sagen aus dem Land Wursten erzählt.

21 Wremer Museumsinsel

MUSCHELMUSEUM UND MUSEUM FÜR WATTFISCHEREI

Die Wattfischerei hat in Wremen eine lange Tradition, schon im 17. Jahrhundert begann man mit dem Granatfang. Anfangs war der Fang eher ein Arme-Leute-Essen, heute sind Nordseegarnelen eine teure Delikatesse. Im Muschelmuseum kann man über eigenwillige Muschel- und Schneckenarrangements schmunzeln.

Schon aus einiger Entfernung ist der wuchtige Westturm der Kirche im Zentrum von Wremen zu erkennen. Die Willehadi-Kirche ist dem ersten Bremer Bischof geweiht; um 1200 errichtet, gilt sie als älteste Kirche im Land Wursten. Sowohl die Größe als auch die Ausstattung der Wehrkirche sind ein Beleg für den Wohlstand der Erbauer.

Krabbenkutter

Im Ortszentrum in Höhe der Kirche hat der ehemalige Krabbenkutter „Koralle" als Museumsschiff seinen letzten Hafen gefunden. Von 1962 befischte die „Koralle" 30 Jahre lang das Wattenmeer; nach dem Tod des letzten Kapitäns konnte der Kutter durch den Wremer Heimatkreis vor dem Abwracken bewahrt werden. Über die Straße kommt man zur Museumsinsel mit dem Muschelmuseum und dem Museum für Wattfischerei.

Als einzigartig und besonders wird das Muschelmuseum beworben. In zwei kleinen Räumen drängen sich beleuchtete Vitrinen, in denen mehr als 4000 Schalen und Gehäuse von Muscheln und Schnecken zu sehen sind. Einige sind aus der Nordsee, viele aus den Meeren der Welt, alle werden auf eine ganz eigene Art und Weise präsentiert. Nicht systematisch, sondern nur nach ihrem Aussehen und

Muschelsammlung

Museum für Wattfischerei

Wurster Granatreuse

den Assoziationen, die man beim Betrachten haben könnte, werden sie arrangiert und benannt: Apfelsinenschalen, Birnenkompott, Weihnachtsgebäck, Glanzjahre, Massenunfall, Boxerauge, Teppichschneider, Rettich oder Fußabtreter sind nur einige der Namen.

Einzigartig und besonders und zum Schmunzeln geeignet mag für die Ausstellung durchaus zutreffen. Aber ein Museum ist es nicht, denn die einzige Information, die Besucher bekommen, ist eine Wandtafel mit den deutschen und lateinischen Namen von knapp 100 Muscheln und Schnecken, die in der Nordsee vorkommen. Wo man sie in den Vitrinen findet, erfährt man nicht.

Ganz anders das Museum für Wattfischerei, das zwar auch nur aus drei Räumen besteht, aber die sind vollgepackt mit gut präsentierten Informationen zur Wattfischerei an der Wurster Nordseeküste, wobei das Hauptaugenmerk auf dem Krabbenfang liegt. Man erfährt, welch mühsame Knochenarbeit der Granatfang ab dem 17. Jahrhundert mit Reusen und Netzen war. Ende des 19. Jahrhunderts kam

Deichsielmodell

dann die Zeit der Kutterfischerei, die die anderen Fangmethoden immer mehr verdrängte. Bis zum Jahr 2000 war die Krabbenpulerei hauptsächlich Heimarbeit, bei der die ganze Familie mithelfen musste. Die automatischen Schälmaschinen, von denen eine im Museum zu sehen ist, haben sich nie so richtig durchgesetzt.

Noch bis zum Ersten Weltkrieg fuhren die Schiffer zu den Muschelbänken an den Prielen und Sanden und sammelten tonnenweise Schill (Muschelschalen). Daraus wurde in Wremer Öfen Muschelkalk gebrannt, der als Baustoff begehrt war. Schaut man sich die Fugen alter Kirchen und Häuser an, sieht man oft noch die Bruchstücke der Muschelschalen.

Info

Lage: Dorfplatz, 27639 Wurster Nordseeküste Wremen

Weitere Aktivitäten: Ein lohnender Abstecher führt zum Kutterhafen (siehe Tipp 18).

Einkehren:

- Zur Börse: Hier gibt es nicht nur Wremer Krabben; In der Langen Straße 2, 27639 Wurster Nordseeküste, *zur-boerse.de*

Websites:

- *museum-wremen.de/cms*
- *muschelmuseum-wremen.jimdofree.com*

22 Kleiner Preuße

LEUCHTTURM MIT GESCHICHTE

Der kleinste Leuchtturm der Nordseeküste ist die größte Sehenswürdigkeit des Kutterhafens in Wremen. Obwohl er nur zehn Meter hoch ist, bietet sich von seiner Galerie ein weiter Blick.

Den Kleinen Preußen gibt es schon seit 1906. Als Quermarkenfeuer am Deich des Kutterhafens Wremen hat er den Schiffen auf der Weser den Weg gewiesen. Schwarz-weiß waren seine Farben, wie die der preußischen Flagge, daher stammt sein Name. Allerdings hatte er – wie auch die meisten anderen Leuchttürme – einige Jahre lang einen rot-weißen Anstrich.

Kutter in Wremen

Durch Automatisierung und Satellitennavigation ist der Beruf des Leuchtturmwärters praktisch ausgestorben. Als der Kleine Preuße in Betrieb genommen wurde, musste sich noch ständig jemand um das Leuchtfeuer kümmern. In diesem Fall war es fast 25 Jahre lang Willy Roes, den wegen seiner Größe von 1,44 Meter die Wremer nur „Lüttje Willi" nannten. Er war zuverlässig, humorvoll und beliebt und verstand es zudem noch, Geschichten zu erzählen, die bei Besuchern seines Turmes gut ankamen. Das Gästebuch, das er im Turm zu liegen hatte, ist bis heute erhalten geblieben und voll des Lobes für „Lüttje Willi".

Gegen den kleinen Hunger

Der Kleine Preuße blieb aber nur bis zum 1. Juli 1930 im Dienst der Schifffahrt, dann wurde sein Feuer gelöscht und wenig später der gesamte Leuchtturm zerlegt. Für die Spitze hatte man noch Verwendung, sie wurde für das neue Imsumer Oberfeuer gebraucht. Doch 1967 wurde auch dieser Turm stillgelegt und demontiert. Was mit seiner oberen Hälfte, also dem ehemaligen Wremer Turm passiert ist, weiß man nicht.

Der Kleine Preuße von heute ist ein Nachbau nach Originalplänen, der am 14. April 2005 – 75 Jahre nach dem Abriss – wieder seinen angestammten Platz am Ausgang des Wremer Kutterhafens einnahm. Damit hatte Wremen sein Wahrzeichen endlich wieder.

Erst wenn man den Turm durch die Tür betritt, merkt man, wie eng es im Innern der eisernen Röhre ist, nur 2,80 Meter beträgt der Durchmesser des Kleinen Preußen. Entsprechend eng ist die Treppe zur ersten Etage, die nur Platz für einen kleinen Herd, einen winzigen Tisch und zwei Stühle bietet. Hier kann man sich trauen lassen, denn der Kleine Preuße ist eine Außenstelle des Standesamtes der Wurster Nordseeküste. Das Angebot kommt sehr gut an, denn schon einige Hundert Brautpaare haben sich in dieser maritimen Atmosphäre trauen lassen – intimer geht es nicht. Die Heiratswilligen stört es anscheinend auch nicht, dass der Großteil der Hochzeitsgesellschaft die eigentliche Trauung nicht miterleben kann und am Fuß des Leuchtturms warten muss.

Vor dem Aufstieg

Hochzeitszimmer

Von der Galerie, auf der vielleicht ein halbes Dutzend Menschen Platz findet, blickt man auf den weiten Grünstrand von Wremen, den Kutterhafen, die Imbissbuden und in der Ferne auf die Kräne des Containerterminals von Bremerhaven.

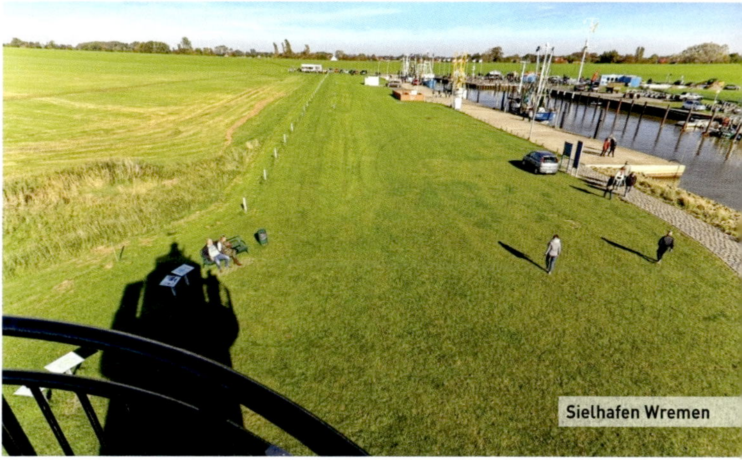

Sielhafen Wremen

Info

Lage: Am Wremer Kutterhafen, Strandstraße, 27639 Wurster Nordseeküste

Einkehren:

- Siebhaus: Nicht weit vom Leuchtturm hockt auf dem Deich das Siebhaus, in dem früher die fangfrischen Krabben sortiert wurden. Heute ist es einer der besten Plätze für Fischbrötchen und frische Nordseekrabben. Auch der hausgemachte Kuchen ist hochgelobt und über jeden Zweifel erhaben. Die Aussicht von der Terrasse könnte nicht besser sein – wenn das Wetter mitspielt; Flur, Am Wremer Hafen, 27638 Nordseebad Wremen, *siebhaus.de*

Website: *kleiner-preusse.de*

HINWEIS: Bei Schietwetter bleibt der Turm geschlossen.

23 Alpakahof Misselwarden

VLIES DER GÖTTER

Alpakas sind schön, zahm, friedlich und schlau – und liefern Wolle mit einzigartigen Eigenschaften, die schon zu Zeiten der Inkas für edle Textilien verwendet wurde. Damals durften jedoch nur Könige die kostbaren, wärmenden Gewänder tragen. Wer die unbeschreiblich weiche Alpakawolle in den Händen hat, merkt sofort den Unterschied zur Schafwolle.

„Schau einem Alpaka nie zu tief in die Augen, du könntest dich verlieben." Dagmar und Andreas Herr haben sich verliebt, sind 2013 auf einen Hof in Misselwarden gezogen und haben ihren Traum, mit Alpakas zu leben, verwirklicht.

Mittlerweile bieten sie eine ganze Reihe von Aktivitäten mit ihren Tieren an, darunter Alpaka-Trekking, Alpaka-Chillen, Alpaka-Laternenspaziergang oder Alpaka-Café. Für die meisten Besucher ist die rund einstündige „Hallo Alpaka"-Hofführung der erste Kontakt mit dem Herrhof und den Tieren. Bevor die Gruppe zu den Tieren auf die Weide darf, gibt es eine kleine Einführung zu Herkunft und Abstammung, über die Haltung, Pflege, Fütterung und Zucht.

Hereinspaziert

Eitel und ...

Alpakas leben in den Anden auf bis zu 5000 Meter Höhe und müssen deshalb extremen Temperaturschwankungen trotzen. Davor schützt sie ihre Wolle, deren Fasern hohl sind und so bei minimalem Gewicht maximale Isolation bieten. Schafwolle ist doppelt so dick und schwer. Da die Tiere nur einmal im Jahr geschoren werden, ist die Ausbeute gering und der Preis entsprechend hoch. Auch wenn Socken, Schals und Mützen nur zum Teil aus Alpakawolle bestehen, wärmen sie doch ganz hervorragend – ohne zu kratzen. Nicht umsonst werden Kleidungsstücke aus Alpakawolle als Vlies der Götter bezeichnet.

... neugierig

Bevor wir auf die Weide dürfen, noch der Hinweis, dass die Tiere zwar zutraulich und neugierig sind und genau wissen, dass sie, wenn Besucher kommen, gefüttert werden, doch sie wollen nicht gestreichelt werden, das stresst sie stark. Die Herrs versprechen nicht zu viel: Auf der Weide strahlen Alpakas eine selbstbewusste Ruhe und Eleganz aus, und wenn man in ihre großen Augen schaut, kann es schon sein, dass man sich in sie verliebt.

Alpakasouvenirs

Lage: Alte Kreisstraße 4, Misselwarden, 27639 Wurster Nordseeküste

Website: *alpakas-vom-herr-hof.de*

Info

HINWEISE:

- Der Hofladen hat ein großes Angebot an Wollwaren.
- Wer sich in eines der Tiere verliebt hat, kann eine Jahrespartnerschaft abschließen.
- Ferienhaus Paco: Mit Blick auf die Alpakaweiden kann man ein Ferienhaus für bis zu vier Personen mieten; *alpakas-vom-herr-hof.de/ferienhaus-paco*

Otterndorf
und Umgebung

Leuchtturm Dicke Berta

Otterndorf und Umgebung

24. St. Jacobi in Lüdingworth: schönster Bauerndom im Hadelner Land
25. Achtern Diek: Badespaß zwischen Südsee und Nordsee
26. Kranichhaus: Museum des Landes Hadeln
27. Johann-Heinrich-Voß-Literaturmuseum: ein Grieche aus Mecklenburg
28. Landfrauenmarkt in Ihlienworth: Kommen, Klönen, Kaffeetrinken

Kronprinzenkoog
Helse
Flugplatz Sankt Michaelisdonn
Marne
5
Eddelak
Nordsee
Kaiser-Wilhelm-Koog
Diekhusen
SCHLESWIG-HOLSTEIN
5
Brunsbüttel
Elbe
Elbe
25
27
26
Balje
24
73
Belum
Otterndorf
Neuhaus (Oste)
Neuenkirchen
Cadenberge
Nordleda
28
Bülkau
Oberndorf
73
Osterwanna
Ihlienworth
Dobrock
Oste
Hemmoor
Steinau
495
Lamstedt
NIEDERSACHSEN
Hof Hellersbruch
Estorf
Abbenseth
Ringstedt
Alfstedt

24 St. Jacobi in Lüdingworth

SCHÖNSTER BAUERNDOM IM HADELNER LAND

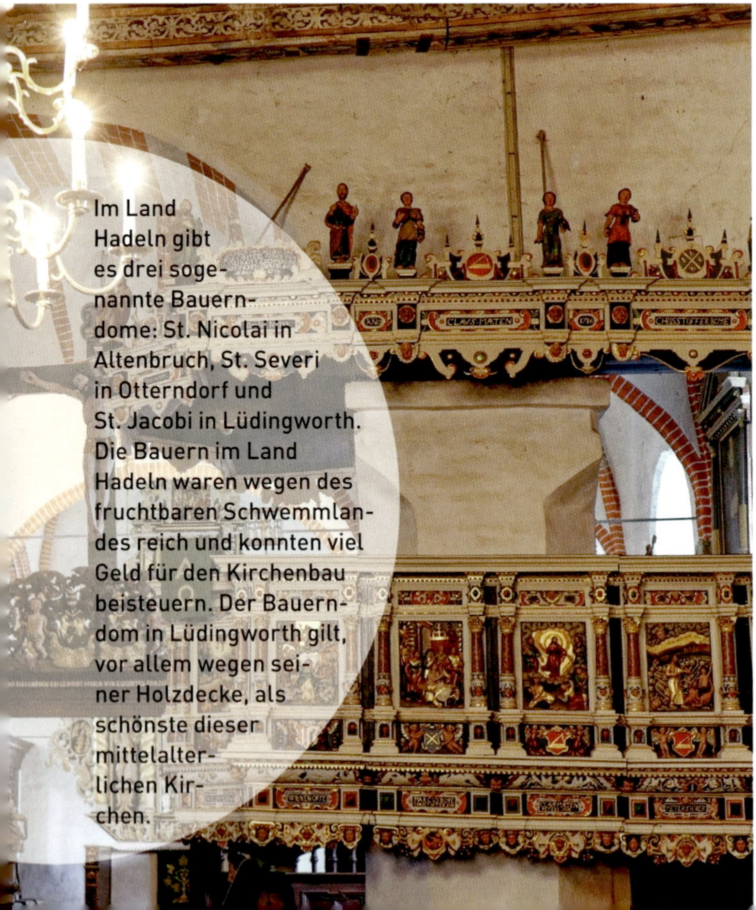

Im Land Hadeln gibt es drei sogenannte Bauerndome: St. Nicolai in Altenbruch, St. Severi in Otterndorf und St. Jacobi in Lüdingworth. Die Bauern im Land Hadeln waren wegen des fruchtbaren Schwemmlandes reich und konnten viel Geld für den Kirchenbau beisteuern. Der Bauerndom in Lüdingworth gilt, vor allem wegen seiner Holzdecke, als schönste dieser mittelalterlichen Kirchen.

Die Gegend um Lüdingworth, heute ein Ortsteil von Cuxhaven, war schon um Christi Geburt besiedelt. 1298 wurde der Ort, der auf einem aufgeschütteten Hügel – einer Wurt – errichtet wurde, erstmals urkundlich erwähnt. Noch heute ist gut zu erkennen, dass die Kirche im Zentrum rund fünf Meter höher als das umgebende Marschland liegt.

Kunstvolle Holzbalkendecke

Die ältesten Teile der heutigen Saalkirche wurde Ende des 12. Jahrhunderts als romanische Feldsteinkirche errichtet. Der Chorraum mit seinem Kreuzrippengewölbe wurde Anfang des 16. Jahrhunderts aus Backsteinen neu erbaut und rund 100 Jahre später nochmals umgestaltet. Der Westturm wurde um 1520 aus Backsteinen erneuert. Die üppige barocke Ausstattung stammt überwiegend aus dem 16. und 17. Jahrhundert.

Betritt man die Kirche, fällt sofort die mit Rundmedaillons und Ornamenten bemalte Holzbalkendecke im Renaissancestil vom Ende des 16. Jahrhunderts ins Auge. Beim nachträglichen Einbau der Orgel, die für das Kirchenschiff eigentlich zu hoch ist, mussten von den 16 Feldern der Decke drei entfernt werden, ein architektonisch fragwürdiger Eingriff. Die Orgel selbst, 1598

Mosesfigur

von Antonius Wilde gebaut und 1682 von Arp Schnitger erweitert, gilt als einzigartig.

Chor und Kirchenschiff sind durch einen Bogen getrennt, hier entstand Anfang des 17. Jahrhunderts die Kanzel mit Figurenreliefs, die von einer Mosesfigur getragen wird. Im Chor sieht man einen mit viel Gold verzierten barocken Hauptaltar, der die Geschichte Jesu erzählt. Der ältere Flügelaltar mit Darstellungen aus dem Leben Marias von 1430 soll früher in der Kapelle des Nachbardorfs Lüderskoop gestanden haben. Bemerkenswert ist auch der Taufkessel vom Anfang des 14. Jahrhunderts mit einer Feuerstelle zum Wärmen des Taufwassers.

Altarraum

Ein weiteres bemerkenswertes Ausstattungsdetail im Innenraum ist das Triumphkreuz über der Eingangstür zum Altarraum vom Anfang des 16. Jahrhunderts. An den Seitenwänden befinden sich drei Epitaphe zur Erinnerung an bedeutende Persönlichkeiten der Gemeinde. Fast die gesamte Nordwand des Kircheninnern wird von einer mit Schnitzwerk verzierten und bemalten Empore eingenommen. Hier konnten besonders wohlhabende Bauernfamilien, abgeschottet von anderen Kirchenbesuchern, die Gottesdienste besuchen. Vor dem Orgelprospekt hängt von der Decke ein rund zwei Meter großer, aus Holz geschnitzter Posaunenengel von Jürgen Heitmann, der wahrscheinlich um 1660 entstanden ist.

Posaunenengel

Info

Lage: Jacobistraße, 27478 Cuxhaven Lüdingworth

Übernachtung:

- Windmühle Betty: Die denkmalgeschützte und perfekt sanierte Mühle in Lüdingworth kann man als Ferienhaus für bis zu vier Personen mieten. Die ruhige Solitärlage inmitten von Feldern und Weiden garantiert Entspannung; Scheidungsweg 8, 27478 Cuxhaven, *windmuehle-betty.de*

Website: *kk-ch.de/gemeinden/luedingworth*

HINWEISE:

- Der 1733 in Lüdingworth geborene Geograf und Arabienforscher Carsten Niebuhr nahm von 1761 bis 1767 im Auftrag des dänischen Königs an einer wissenschaftlichen Expedition in die Länder des arabischen und vorderasiatischen Raumes teil. Vor der Kirche steht ein Denkmal zu Ehren des bekanntesten Bürgers von Lüdingworth.
- Die Dame mit der bemalten Hand: Der Roman von Christine Wunnicke handelt von der fiktiven Begegnung Carsten Niebuhrs mit dem persischen Astronomen Musa al Lahuri. Der Roman wurde 2020 mit dem Wilhelm-Raabe-Literaturpreis ausgezeichnet.

25 Achtern Diek

BADESPASS ZWISCHEN SÜDSEE UND NORDSEE

Die Ferienanlage Achtern Diek bietet alles, was man sich als Urlauber wünscht. Grünstrände, Sandstrände, ein großes Angebot an modernen Ferienhäusern, Campingplätze und ein Sportangebot, das keine Wünsche offenlässt. Bei schlechtem Wetter bieten Spielscheune und Sole-Therme Alternativen.

Otterndorfs historische Altstadt zählt zu den schönsten im Cuxland. Die engen Gassen sind gesäumt von Häusern aus dem 17. und 18. Jahrhundert, Fachwerkhäuser und barocke Fassaden wurden aufwendig saniert, die Liste der Baudenkmäler ist lang. Vor allem Kranichhaus, Rathaus, Hadler Haus mit Stadtscheune, St.-Severi-Kirche, Lateinschule, Bull'scher Speicher und das gelbe Barockgiebelhaus lohnen einen näheren Blick.

Obwohl Otterndorf einige Kilometer landeinwärts liegt, schmückt es sich mit dem Titel Seebad. Dies wird deutlich, wenn man dem verschlungenen Lauf der Medem bis zur Mündung folgt oder mit Auto oder Rad rund vier Kilometer in Richtung Elbe zur Feriensiedlung Achtern Diek fährt. Achtern Diek bedeutet hinterm Deich und genau dort befindet sich das Nordseebad Otterndorf, das für jeden das passende Urlaubsangebot bietet. Zwei künstliche Seen, Nordsee und Südsee, die teilweise durch den Aushub für die Deicherhöhung entstanden sind, bieten gezeitenunabhängiges Badevergnügen und ein umfassendes Wassersportangebot. Die beiden Seen und weitere Kanäle, auf denen man paddeln kann, umschließen wie der Wassergraben einer mittelalterlichen Burg eine große Feriensiedlung mit Häusern im skandinavischen Stil und einen Campingplatz.

Badesee und Campingplatz

Am Elbufer

Der Nordsee bietet zwei bewachte Badestellen mit künstlichem Sandstrand. Die Kleinen freuen sich über Abenteuerspielplatz, Riesenrutsche und Kletterschiff, außerdem gibt es ein Fußball-, Basketball- und Volleyballfeld. Der Südsee ist das Revier der Wassersportler, hier kann man Wakeboarden, Windsurfen, diverse Boote mieten und natürlich auch Surfen lernen. Beachbar und Badestelle gibt es auch.

Vom Ufer des Nordsees sind es weniger als 100 Meter bis zum Deich, von dessen Krone man auf ein weites grünes Vorland blickt, das mit bunten Strandkörben gesprenkelt ist. Im Hintergrund fließt die Elbe, die hier kurz vor der Mündung schon einen kilometerbreiten Trichter bildet. Doch die Schiffe fahren so dicht am Otterndorfer Ufer vorbei, dass man immer etwas zum Schauen hat.

Spaziert man auf dem Deich in Richtung Osten, kann man die Fernsicht genießen und sich an den pyramidenförmigen Infosäulen des Deicherlebnispfades über Pflanzen, Tiere und Wasserwirtschaft der Region informieren. Oder man nimmt die Promenade am Elbufer, entweder zu Fuß oder mit dem Rad, und kommt bald zum kleinen Natursandstrand an der Medemmündung, dem Kap Jakob. Ein Weg führt von hier zum Jacht-

Radeln mit Elbblick

hafen und dem Restaurant Ahoi, dann weiter zum Deich und zur Schleuse des Hadelner Kanals. Der 1854 fertiggestellte Kanal und die Medem sorgen mit ihren Schöpfwerken dafür, dass das ursprünglich moorige Hadelner Sietland entwässert und gleichzeitig vor Sturmfluten geschützt werden kann.

Info

Lage: Achtern Diek, 21762 Otterndorf

Weitere Aktivitäten:

- Wassersport auf dem Südsee: Achtern Diek, 21762 Otterndorf, *suedsee-wassersport.de*
- Aquapark am Nordsee: Schleusenstraße 95, 21762 Otterndorf, *wakegarden.de*
- Spiel- & Spaß-Scheune: Kletterberg, Wellenrutsche, Trampolin, Bällebad und vieles mehr; Norderteiler Weg 2A, 21762 Otterndorf, *otterndorf.de/dein-otterndorf/spiel-spass-scheune*
- Sole-Therme Otterndorf: vielfältige Bade- und Saunalandschaft; Goethestraße 12, 21762 Otterndorf, *otterndorf.de/dein-otterndorf/sole-therme*

Einkehren:

- Ahoi Steffen Henssler: Restaurant am Schöpfwerk mit tollem Blick auf die Elbe und die langsam vorbeiziehenden großen Pötte; Schleuse 18, 21762 Otterndorf, *ahoisteffenhenssler.de*
- Restaurant Deichkieker: Gastraum und Außenterrasse zwischen Badesee und Deich; Deichstraße 14, 21762 Otterndorf, *deichkieker-otterndorf.de*

Website: *otterndorf.de/nordseeurlaub/familienzeit/freizeitanlage-see-achtern-diek*

HINWEIS: Keen nich will dieken, de mutt wieken. Frei übersetzt: Wer nicht am Deich arbeitet, muss weichen. Die Skulpturengruppe von Frijo Müller-Belecke am Schöpfwerk von Otterndorf zeigt drei Menschen bei der mühsamen Arbeit des Deichbaus.

26 Kranichhaus

MUSEUM DES LANDES HADELN

Das Kranichhaus zählt zu bedeutendsten Baudenkmälern der historischen Altstadt von Otterndorf. Untersuchungen der Deckenbalken im Erdgeschoss haben ergeben, dass erste Teile des Hauses gegen Ende des 16. Jahrhunderts errichtet wurden. Etwa zur gleichen Zeit wurde mit dem Bau des Rathauses gegenüber begonnen.

Die Familie Radiek, durch Gewürz-, Salz- und Weinhandel reich geworden, ist eng mit dem Kranichhaus verbunden, denn sie ließ es bis 1764 mehrfach erweitern, die Straßenseite mit Backsteinen verblenden und gab ihm wohl auch den Namen. Steht man vor dem Haus, sieht man zwei Kraniche, einen auf dem Giebel und einen über dem Eingang, beide halten eine Kugel in der Kralle. Schon in der Antike war der Kranich ein Symbol der Wachsamkeit, schliefen die Wächtervögel ein und ließen dabei den Stein fallen, wurden sie durch das Geräusch wieder aufgeweckt.

Das Innere des Hauses dient dem Land Hadeln als Museum, um die Lebensverhältnisse des wohlhabenden Bürgertums bis ungefähr 1850 aus Otterndorf und Umgebung zu beleuchten. Keines der Museumsobjekte stammt jedoch von den ehemaligen Bewohnern des Kranichhauses.

Ratsapotheke

Betritt man das Haus, fällt rechter Hand, hinter der barocken Trennwand, die Einrichtung der alten Ratsapotheke ins Auge. Weiter hinten befindet sich der Kaufmannsladen mit Eichenfässern, aus denen Weine und Spirituosen auf Flaschen gezogen wurden. Auch Tabak und Gewürze wurden hier verkauft. Die Küche ist spärlich möbliert, gekocht wurde über dem offenen Kamin, der gleichzeitig als Wärme- und Lichtquelle diente. Vor der Erfindung der Petroleumlampe 1853 war die einzige weitere Lichtquelle ein sogenannter Trankrüsel an einem Schwenkarm an der Decke.

Unten wurden die Geschäfte abgewickelt, in den oberen Stockwerken befanden sich die Privaträume der Kaufleute wie Kinderzimmer, Ankleidezimmer, Schlafzimmer und Salon. Vor allem

Salon

der Salon mit seiner Stuckdecke im Stil des Rokoko, dem klassizistischen Ofen, dem Tafelklavier, dem kostbaren Spiegel und der Vitrine mit Glas und Porzellan spiegelt den Wohlstand der damaligen Bewohner des Kranichhauses wider.

Der bemerkenswerteste Raum im Kranichhaus ist die Silberkammer, in der einige der bedeutendsten Stücke von Otterndorfer Meistern zu sehen sind. Zwischen 1550 und 1900 gab es in der kleinen Stadt 45 Goldschmiedewerkstätten, die mit Peter Meyer (1697–1760) und Peter Nicolaus Meyer (1737–1794) mindestens zwei europaweit anerkannte Meister ihres Fachs hervorgebracht haben. Eine wichtige Voraussetzung war, dass viele Bauern und Kaufleute der Region sehr wohlhabend waren, sich kunstvolles Tafelsilber leisten konnten und ihren Reichtum

Silberkammer

auch gerne zur Schau stellten. So waren bei großen Hochzeiten Silbergeschenke durchaus üblich und selbst die Gesangbücher wurden mit kunstvoll verzierten Silberschließen versehen. Das meiste Silber stammte aus dem Harz, man schmolz aber auch immer wieder ganz pragmatisch Kunstgegenstände ein, um daraus neue Gebrauchsgegenstände zu fertigen.

Silberkunst

Info

Lage: Reichenstraße 3, 21762 Otterndorf

Buchtipp:

- Kraniche über Otterndorf: Ein Nordsee-Krimi von Hedi Hummel. Ein Toter liegt inmitten einer Blutlache vor dem Kranichhaus. Waren es Messerstiche oder vielleicht Vogelbisse ...

Website: *kranichhaus.de*

HINWEISE:

- Vom Hauptbahnhof Cuxhaven sind es rund 18 Kilometer mit dem Rad ins Zentrum von Otterndorf. Unterwegs kommt man an dem Leuchtturm Dicke Berta vorbei und fährt über weite Strecken autofrei mit Blick auf die Elbe.
- Unbedingt an einer Führung durch die Otterndorfer Altstadt teilnehmen; *otterndorf.de/dein-otterndorf/historische-altstadt*
- Zwischen Kranichhaus und Rathaus befindet sich der Otterbrunnen mit den Wappentieren der Stadt.
- Wenige Schritte entfernt auf dem Marktplatz steht die Skulpturengruppe „De Utröper“. Sie erinnert an die Tradition, dass früher die wichtigsten Ereignisse durch einen Ausrufer bekannt gegeben wurden. Von Juni bis August lässt jeden Freitag um 9:30 Uhr ein Ausrufer diese Tradition wieder aufleben.

27 Johann-Heinrich-Voß-Literaturmuseum

EIN GRIECHE AUS MECKLENBURG

Der Dichterfürst Goethe lobte Voß in den höchsten Tönen und auch Heinrich Heine fand nur lobende Worte: „Er ist vielleicht, nach Lessing, der größte Bürger in der deutschen Literatur."

Johann Heinrich Voß (1751–1826) war ein unruhiger Geist, ihn hielt es nie lange an einem Platz, er wechselte ständig seinen Wohnort, reiste viel und knüpfte Kontakte mit den literarischen Größen seiner Zeit wie Claudius, Gleim, Goethe, Heine, Herder, Klopstock, Lessing, Wilhelm von Humboldt und vielen anderen. Geboren in Sommerstorf bei Waren, Schulbesuch in Penzlin und Neubrandenburg, Hofmeister in Ankershagen, Studium in Göttingen, Aufenthalt in Wandsbek, Rektor des Gymnasiums in Eutin, Professur an der Ruprecht-Karls-Universität in Heidelberg, wo er 1826 starb und auch beigesetzt wurde, sind seine wichtigsten Stationen.

Vier Jahre, von 1778 bis 1782, lebte Voß in Otterndorf als Rektor der Lateinschule. An Otterndorf, das damals der Hauptort des Landes Hadeln war, schätzte er Freiheit und Liberalität und dass er nach finanziell mageren Jahren hier ein gutes Einkommen hatte. Sein Wohnhaus, nur wenige Schritte von seiner Arbeitsstätte entfernt, ist ein heute liebevoll saniertes Fachwerkhaus mit weißen Sprossenfenstern. Im Erdgeschoss befindet sich die Altstadt

Voßmuseum

Goethe und Voß

Buchhandlung, in weiteren Räumen eine Ausstellung des Literaturmuseums, die das Leben und Werk von Voß als Dichter, Übersetzer und Herausgeber beleuchtet.

Eines der schönsten Gebäude der historischen Otterndorfer Altstadt ist die Arbeitsstätte von Johann Heinrich Voß, die ehemalige Lateinschule hinter der St.-Severi-Kirche. Der klassizistische Fachwerkbau mit weißen Holzsprossenfenstern, die teilweise noch original verglast sind, stammt aus dem Jahr 1614. Die Ausfachung erfolgte mit Backsteinen. Bei dem dreistöckigen Haus fällt auf, dass die oberen Etagen immer größer werden. Das war damals durchaus clever, denn die Steuern wurden damals nur nach der bebauten Grundfläche berechnet. Die Lateinschule war zu Voß' Zeiten für die Kinder der wohlhabenden Bauern und des Otterndorfer Bürgertums die einzige Möglichkeit, die Universitätsreife zu erlangen.

Voßbüste

Während seiner Zeit in Otterndorf übersetzte Voß die Odyssee von Homer, zusammen mit der Übersetzung der Ilias haben sie ihm wegen seiner profunden Kenntnisse der antiken Sprachen und Verse und der ebenso perfekten Beherrschung des Deutschen einen Platz in der deutschen Literatur gesichert. Außerdem übersetzte er Shakespeares

Dramen, von ihm stammt auch die erste deutsche Fassung der „Erzählungen aus Tausendundeiner Nacht". Neben den Übersetzungen schrieb Voß auch eigene Gedichte, Elegien, Oden und Epigramme. 1777 veröffentlichte er im Göttinger Musenalmanach das Gedicht „An Luther", dessen letzte Strophe ihm ziemlichen Ärger einbrachte:

Doch jeder Christ und gute Mann
Stimmt laut mit dir, o Vater, an:
Wer nicht liebt Weib, Wein und Gesang,
Der bleibt ein Narr sein Lebelang!

Info

Lage: Johann-Heinrich-Voß-Straße 8, 21762 Otterndorf

Einkehren:

- Café Brüning – Havenmanufaktur Wolf: Direkt am Marktplatz von Otterndorf befindet sich dieses Traditionscafé; Am Kirchplatz 2-4, 21762 Otterndorf, *cuxhavener-kaffeeroester.de/caf%C3%A9br%C3%BCninghavenmanufakturwolf*
- Café in de Grund: Gemütlich sitzt man hier am Ufer der Medem; Am Großen Specken 5, 21762 Otterndorf, *indegrund.jimdofree.com*

Website: *otterndorf.de/poi/johann-heinrich-voss-literatur-museum*

HINWEISE:

- Alljährlich wird der Johann-Heinrich-Voß-Preis für Übersetzung von der Deutschen Akademie für Sprache und Dichtung verliehen, alle drei Jahre der gleichnamige Preis für Literatur und Politik.
- Unter dem Motto „Ein Grieche aus Mecklenburg" zeigt das Johann-Heinrich-Voß-Haus in Penzlin in einem Fachwerkgebäude von 1740 eine moderne Ausstellung über den Dichter; Turmstraße 35, 17217 Penzlin, *vosshaus-penzlin.de*

28 Landfrauenmarkt in Ihlienworth

KOMMEN, KLÖNEN, KAFFEETRINKEN

Jedes zweite und vierte Wochenende im Monat – nur von Mitte Dezember bis Mitte März ist Winterpause – ist Markttag in Ihlienworth, dem Hauptort des Sietlandes. Mit seinem regionalen und teils ungewöhnlichen Warenangebot lockt der Landfrauenmarkt Besucher aus der ganzen Region an – und das schon seit 25 Jahren.

Im Jahr 2000 ist der Landfrauenmarkt in das sanierte ehemalige Meiereigebäude von Ihlienworth eingezogen, das Platz für bis zu 40 Marktstände bietet. Es ist ein typischer Bauernmarkt mit Obst, Gemüse, Wurst, Fleisch, Käse, Brot, Joghurt, Eiern, Honig und Räucherfisch aus der Region, darunter sind viele Bioprodukte. Aber auch Kunsthandwerk wird angeboten, darunter Handarbeiten, Töpferwaren, ungewöhnliche Vogelhäuschen, Gartenskulpturen, Textilien, Deko-Elemente, Häkelarbeiten und Trockengestecke, alles garantiert in der Region produziert. Billige Importware aus aller Welt wird man hier nicht finden. Viel Zulauf hat das Café,

Froschuhr

Filzarbeiten

Für jeden etwas ...

Blumen

denn hier gibt es Kuchen und Torten in so großer Auswahl, dass man sich mit der Entscheidung schwertut. Vor allem, weil die Landfrauen alles selbst backen und man garantiert so manche Überraschung am Tresen findet. Jedes Marktwochenende steht unter einem eigenen Motto, das zur Jahreszeit passt. Im Juni ist es „Neue Ernte", im August „Vitaminbomben" und im November „Zünde eine Kerze an". Eine der neuen Ideen ist das Lädchen Ditt und Datt in der Zwischenetage. Alle Artikel in dem Secondhandladen wie Bücher, Geschirr oder Bilder wurden gespendet. Der Preis wird wie auf dem Flohmarkt ausgehandelt, die Einnahmen kommen gemeinnützigen Einrichtungen zugute.

Hamburger

Info

Lage: Alte Meierei, Hauptstraße 40, 21775 Ihlienworth

Website: *landfrauenmarkt.de*

HINWEISE: Gegenüber der Meierei ist ein letztes Originalexemplar einer Sietland-Flöte ausgestellt. Die flachen Boote ohne Kiel waren Jahrhunderte lang das wichtigste Transport- und Verkehrsmittel auf den Kanälen und Gräben im Sietland.

Entlang der Oste
Steingarten Lamstedt

Entlang der Oste

29. Natureum Niederelbe: Horizonte erweitern – Küste erleben
30. Zementmuseum Hemmoor: Baustoff für die Welt
31. Schwebefähre in Osten: in einer Gondel über die Oste
32. St. Petri zu Osten: Kunstgenuss in Weiß und Gold
33. Buddelmuseum: eine besondere Raritätenschau
34. Steingarten Lamstedt-Westerberg: Findlings-Garten im Wald
35. Kombüse 53° Nord: Kultur und Essen mit Niveau
36. Familienerlebnisweg Wingst: vom Zoo in den Wald

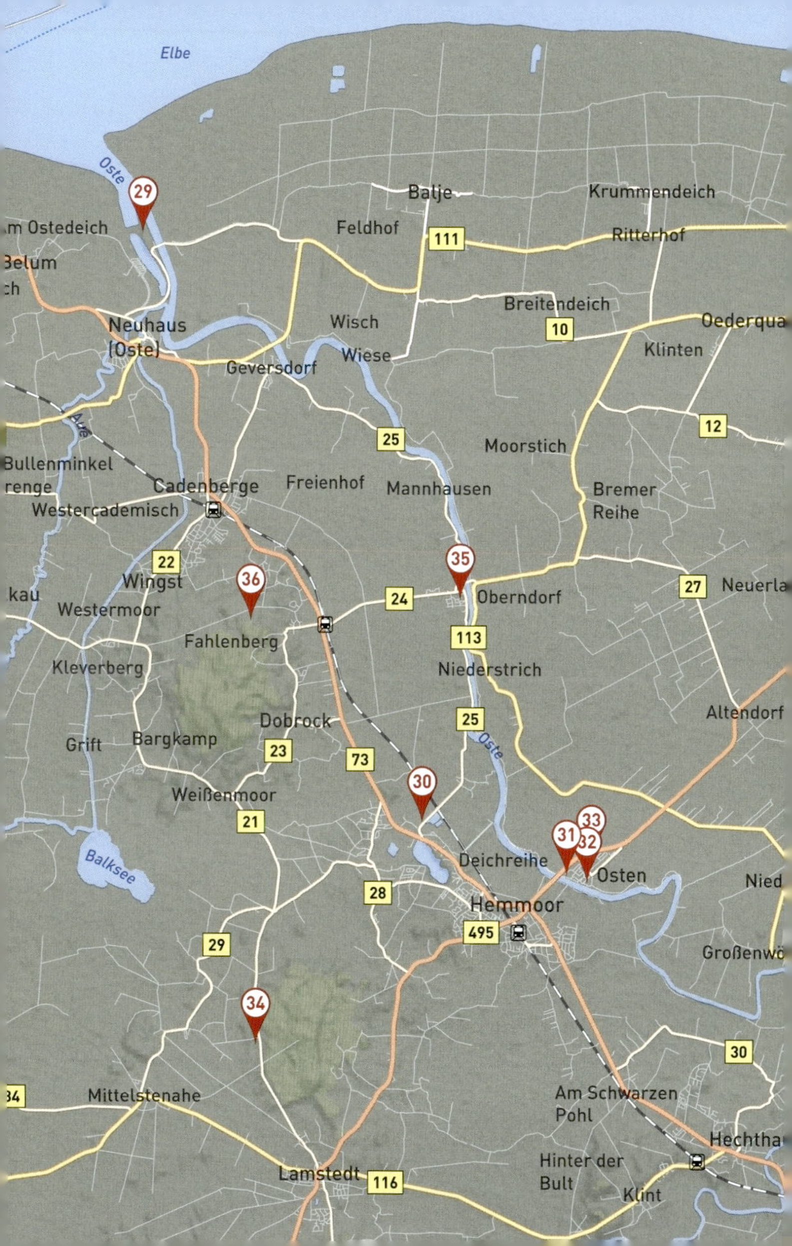

Elbe
Oste
29
Am Ostedeich
Belum
Neuhaus
(Oste)
Balje
Krummendeich
Feldhof
111
Ritterhof
Wisch
Wiese
Breitendeich
10
Oederqua
Klinten
Geversdorf
Aue
25
12
Moorstich
Bullenminkel
Cadenberge
Freienhof
Mannhausen
Bremer
Reihe
Westercademisch
35
22
36
Wingst
24
Oberndorf
27
Neuerla
kau
Westermoor
Fahlenberg
113
Kleverberg
Niederstrich
Altendorf
Dobrock
25
Grift
Bargkamp
23
73
30
Weißenmoor
21
33
31
32
Balksee
Deichreihe
Osten
Nied
28
Hemmoor
495
29
Großenwö
34
30
34
Mittelstenahe
Am Schwarzen
Pohl
Hechtha
Hinter der
Bult
Lamstedt
116
Klint

29 Natureum Niederelbe

HORIZONTE ERWEITERN – KÜSTE ERLEBEN

Das Natureum Niederelbe ist ein Freilichtmuseum unweit der Ostemündung in die Elbe. Auf einer Halbinsel, die beim Bau des Ostesperrwerks entstanden ist, erstreckt es sich auf einem rund 100.000 Quadratmeter großen Parkgelände. Der rote Faden, der sich durch alle Ausstellungen zieht, ist die einzigartige Natur der Elbmündung.

Meeresbewohner

Im Eingangsgebäude des Natureums, der Küstenwelle, hängt von der Decke das beeindruckende Skelett eines 1997 vor Cuxhaven gestrandeten Pottwalbullen. Außerdem gibt es kleinere Aquarien und Terrarien mit heimischen und exotischen Fischen, Krebsen, Reptilien und Insekten. In einem schwimmt der europäische Stör, der in Deutschland ausgestorben ist.

Obstbaumallee

Der weitläufige Park informiert auf verschiedenen Arealen über die ursprünglichen Landschaftsformen des Elbe-Weser-Dreiecks, Marsch, Wald, Moor und Geest. Nach dem Verlassen der Küstenwelle kommt man zu einer Obstbaumallee, alle Bäume tragen alte Obstsorten, die man nicht mehr im Supermarkt findet.

Im Küstenzoo werden selten gewordene Nutztierrassen wie Schleswiger Kaltblutpferde, Vorwerkhühner und Skudden, die kleinste deutsche Schafrasse, gehalten. Aus der Nähe beobachten kann man die agilen Zwergotter. Im Sommer kann man

Zwergotter

gefahrlos einen Blick in einen Bienenstock werfen.

Die Weißwangengans, auch Nonnengans genannt, ist ein regelmäßiger Wintergast an unseren Küsten, denn sie hält sich gerne in Meeresnähe auf. Im Herbst kommen rund 80.000 Weißwangengänse mit großem Spektakel an. Sie bleiben den ganzen Winter und können von einem Pavillon aus beobachtet werden. Die Vögel fallen vor allem durch ihre markante Zeichnung auf, Hals und Kopf sind schwarz, das Gesicht weiß, der schwarze Hals geht dann wieder in weißes Brustgefieder über.

Im hinteren Bereich des Freilichtmuseums kommt man zum Küstenmuseum mit der Dauerausstellung „Lebensader Elbstrom – Brücke zwischen den Welten". Modern, informativ und interaktiv erfährt man viel über die Bedeutung der Region für Zugvögel, Fische und Meeressäuger; Küstenschutz und Sturmfluten werden ebenso thematisiert wie die Nutzung und Bedeutung der Elbe als Wasserstraße und die sich daraus ergebenden Probleme. Im

Dinowelt

Turm des Museumsgebäudes finden regelmäßig Fotoausstellungen statt. Im Erdgeschoss zeigt die Ausstellung „Bernstein – Gold der Küste" Schmuckstücke und Funde mit Inklusen. Ein weiteres Gebäude auf dem Gelände ist für jährlich wechselnde Sonderausstellungen reserviert.

Die ersten Siedler

Für das Natureum Niederelbe sollte man sich mindestens einen halben Tag Zeit nehmen, um die Vielzahl an thematischen Angeboten und Informationen in Ruhe zu erkunden. Außerdem bietet das Natureum Schulklassen, Kindergarten-, Erwachsenen- und Seniorengruppen ein vielfältiges pädagogisches Angebot zu biologischen, ökologischen, geologischen und historischen Themen.

Info

Lage: Neuenhof 8, 21730 Balje/Neuhaus Oste

Weitere Aktivitäten:

- Wasserski und Wakeboard: Die Anlage auf dem Oste-Altarm in der Nähe des Natureums ist in der Regel von Ende März bis Ende Oktober in Betrieb; Seestraße 68, 21785 Neuhaus Oste, *wasserski-neuhaus.de*

Einkehren: Im Café/Bistro gibt es warme und kalte Getränke, Snacks und Tellergerichte mit regionalen Produkten, auch hausgemachter Kuchen wird angeboten.

Website: *natureum-niederelbe.de*

HINWEIS: Das Ostesperrwerk ist nicht täglich befahrbar; *sctoe.de/oste-sperrwerk-neue-brueckenoeffnungszeiten*

30 Zementmuseum Hemmoor

BAUSTOFF FÜR DIE WELT

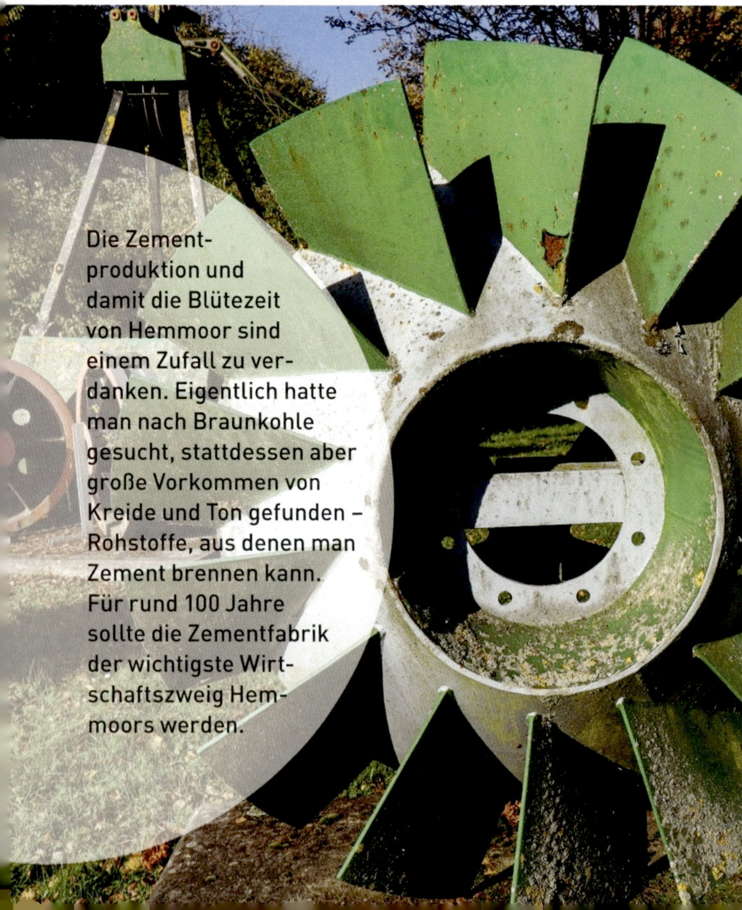

Die Zementproduktion und damit die Blütezeit von Hemmoor sind einem Zufall zu verdanken. Eigentlich hatte man nach Braunkohle gesucht, stattdessen aber große Vorkommen von Kreide und Ton gefunden – Rohstoffe, aus denen man Zement brennen kann. Für rund 100 Jahre sollte die Zementfabrik der wichtigste Wirtschaftszweig Hemmoors werden.

Ein Holzhändler aus Stade, Jürgen-Hinrich Hagenah, kaufte 1862 ein Stück Land, unter dem die Rohstoffe für die Zementherstellung lagerten. Als Erstes gründete er eine Kalkbrennerei und eine Ziegelei, vier Jahre später folgte eine kleine Zementfabrik. 1868 erwarb Hagenah auch noch den Oste-Hafen Schwarzenhütten und hielt so vom Abbau über die Produktion bis zum Transport alle Fäden in der Hand – damit waren die Voraussetzungen für seinen großen wirtschaftlichen Erfolg geschaffen. Mit einer Flotte von zeitweise mehr als 40 Schuten konnte der Zement nach Hamburg und von dort in die Welt gebracht werden. Auf dem Rückweg brachten die Schiffe die Kohle für die Brennöfen mit.

Zementarbeiter

1882 verkaufte Hagenah sein Werk mit rund 1000 Beschäftigten an die neu gegründete Portland Cementfabrik Hemmoor. Bis 1915 verdoppelte sich die Belegschaft, wurde in den Folgejahren durch eine zunehmende Automatisierung und Rationalisierung jedoch immer kleiner. Doch die Produktion konnte immer weiter hochgefahren werden und erreichte 1971 mit einem Jahresabsatz von 779.000 Tonnen den absoluten Höchststand der Firmengeschichte. Zement war mittlerweile ein weltweit gefragter Baustoff. In unzähligen Städten in aller Welt wurden Gebäude mit Zement aus Hemmoor errichtet, vom Hotel Esplanade in Hamburg über das Berliner Reichstags-

Schmalspurbahn

Fabrikenhof

gebäude bis hin zum Sockel der Freiheitsstatue in New York.

Doch ab 1972 gab es wirtschaftliche Schwierigkeiten und die Zementproduktion musste sukzessive zurückgefahren werden, 1983 erfolgte die Schließung des Werkes, zwei Jahre später wurden die Anlagen demontiert.

Aus der Kreidegrube ist nach dem Abstellen der Pumpen innerhalb von sechs Jahren durch das Einsickern von kristallklarem Quellwasser der Kreidesee entstanden. Der heute 60 Meter tiefe See ist wegen seiner hervorragenden Sichtverhältnisse ein bei erfahrenen Tauchern beliebtes Revier. Einige wenige Maschinen und Gerätschaften des einst größten Industrieunternehmens im nördlichen Elbe-Weser-Dreieck sind auf dem Außengelände des Deutschen Zementmuseums in Hemmoor zu sehen. Als Museumsgebäude dient eine Schute aus dem Jahr 1925, die vor dem Abwracken gerettet werden konnte. In ihren Laderäumen gibt eine Ausstellung Einblicke in die Zementproduktion.

Für Geologen war die immer tiefer werdende Kreidegrube, der heutige Kreidesee, ein Glücksfall, der einen faszinierenden

Maschinen zur Zementproduktion

Schute als Museum

Einblick in die Erdgeschichte ermöglichte. Besonders interessant waren die Funde im Hemmoorer Gestein bzw. in den Hemmoor-Kugeln. Dies ist ein Kalkstein, der mit Schalen von Schnecken und Muscheln durchsetzt und ungefähr 15 bis 20 Millionen Jahre alt ist. Wegen der Bedeutung dieser Funde haben Geowissenschaftler eine Stufe innerhalb der regionalen Einteilung des unteren Miozäns in Mittel- und Norddeutschland Hemmoorium genannt. Im gleichnamigen Museum der Stadt werden viele dieser Fundstücke gezeigt.

Info

Lage: Cuxhavener Straße (B73) / Ecke Hemmer Straße, gegenüber vom Kreidesee, 21745 Hemmoor

Website: *zementmuseum-hemmoor.de*

HINWEISE:

- Kreidesee Hemmoor: Der Zugang zum See ist nur über die Tauchbasis möglich, Saison ist ganzjährig, Solotauchen ist nicht erlaubt. Übernachtungsmöglichkeiten auf dem Campingplatz und in Ferienwohnungen. Rechtzeitige Anmeldung ist empfehlenswert, da in der Tauchbasis immer viel Betrieb herrscht; Cuxhavener Straße 1, 21745 Hemmoor, *kreideseetaucher.de*
- Auf dem Gelände der ehemaligen Fabrik gibt es einen Zementerlebnisweg mit Infotafeln und Ausstellungsstücken. Der Zugang erfolgt über das Kreideseegelände, der Weg ist auch für Radfahrer geeignet.
- Erd- und frühgeschichtliches Museum Hemmoorium: An der Pferdebahn 55, 21745 Hemmoor, Tel. 04771 3371, *heimatvereinhemmoor.de/hemmoorium*

31 Schwebefähre in Osten

IN EINER GONDEL ÜBER DIE OSTE

Der kleine Ort Osten hat einiges zu bieten: Museum, Kirche und einen Dorfkern wie aus dem Bilderbuch. Doch die meisten Besucher kommen, um sich das Stahlgerüst der Schwebefähre anzuschauen und in einer offenen Gondel über den Fluss zu schweben – ein Erlebnis, das nicht nur Technikliebhaber begeistert.

Schwebefähren entstanden gegen Ende des 19. Jahrhunderts und sind eigentlich eine geniale Erfindung. Mit ihnen können Flüsse überquert werden, ohne dass der Schiffsverkehr behindert wird. Normale Brücken gewährleisten dies nur, wenn sie sehr hoch sind und deshalb lange Zufahrtsrampen haben. Fähren sind gezeitenabhängig, haben bei Eisgang Probleme und können, wenn in kalten Wintern der Fluss zufriert, gar nicht fahren. All diese Probleme lassen sich mit einer Schwebefähre umgehen, und doch wurden von diesen Bauwerken weltweit nur 20 Stück gebaut, von denen acht noch in Betrieb sind. Eine der Schwebefähren Deutschlands befindet sich in Osten-Hemmoor, die andere in Rendsburg.

Ende des 19. Jahrhunderts wurde klar, dass die Prahmfähre bei Osten dem wachsenden Güter- und Personenverkehr nicht mehr gewachsen war. Anfangs favorisierten die Gemeinden den Bau einer Drehbrücke, verwarfen diesen Plan aber wieder wegen der hohen Kosten, außerdem hätte solch eine Brücke den damals noch regen Schiffsverkehr auf der Oste zu stark behindert.

Historisches Stahlgerippe

In offener Gondel ...

Also entschloss man sich zum Bau einer Schwebefähre, die nur die Hälfte der Drehbrücke kosten sollte. Sie wurde 1909 fertig und ist damit die älteste Schwebefähre Deutschlands. Bis heute überspannt sie als 38 Meter hohes und 80 Meter langes Stahlfachwerk die Oste zwischen den Orten Osten und Hemmoor.

Sie gilt als Meisterwerk der Ingenieurskunst und wird auch respektvoll als Eiffelturm des Nordens bezeichnet. Seit der Fertigstellung prägt das weithin sichtbare Stahlgerippe das Ortsbild von Osten, das sich deshalb gerne als Schwebefährendorf vermarktet. Als sich jedoch der Verkehr immer mehr auf die Straße verlagerte, wurde der schwebende Transport über die Oste zuneh-

... über die Oste schweben

mend zum Nadelöhr, weshalb man sich nun doch zum Bau einer Brücke entschloss. 1974 war die neue Brücke über den Fluss fertig, damit verlor die Schwebefähre schlagartig ihre Daseinsberechtigung und wurde stillgelegt.

Pünklich nach Fahrplan

Dank engagierter Denkmalschützer und einer Bürgerinitiative konnte die Fähre vor dem Abriss bewahrt, saniert und als Touristenattraktion wieder in Betrieb genommen werden. Ein Angebot, das alljährlich einige Tausend Besucher von Osten wahrnehmen. Sie lassen sich in der elektrisch betriebenen Gondel in gemächlichem Tempo über den Fluss bringen, einige Minuten später geht es dann zurück zum Ausgangspunkt. Befördert werden Personen, Fahrräder und Motorräder, aber auch Oldtimer mit H-Kennzeichen, die nicht schwerer als 2,8 Tonnen sind. Odtimer trifft Oldtimer!

Lage: Deichstraße 1,
21756 Osten
Website:
schwebefaehrendorf.info

Info

32 St. Petri zu Osten

KUNSTGENUSS IN WEISS UND GOLD

2020 feierte das Kirchspiel Osten sein 800-Jahre-Jubiläum. Der kleine Ort besitzt mit der Schwebefähre und der St.-Petri-Kirche gleich zwei herausragende Baudenkmale.

Die günstige Lage am Fluss war für Osten lange ein Garant für florierenden Handel. Der Handel mit Getreide und Ziegelsteinen brachte ebenso Geld in die Kassen wie die Hotels und Gasthäuser, aber auch Goldschmieden und Zinngießern ging es gut. Bis heute bestimmen noch Villen der einst reichen Bauern und Kaufleute das Stadtbild und beeindrucken bei einem Spaziergang durch den historischen Ortskern.

Die mittelalterliche Kirche war zu klein und baufällig, also begann man nach jahrelangen Streitigkeiten um die Finanzierung ab 1745 mit dem Neubau einer repräsentativen Kirche. Da der Untergrund am Ufer der Oste für den geplanten Saalbau von stattlicher Größe nicht geeignet war, mussten Hunderte Weißtannenstämme aus Sachsen und Böhmen in den Boden gerammt werden. Doch schon drei Jahre später war der Neubau nach Plänen des Hamburger Stadtbaumeisters Johann Leonhard Prey fertig, allerdings ohne jede Inneneinrichtung. Durch die verkehrsgünstige Lage am Fluss konnten die 1,5 Millionen Backsteine und alle weiteren Baumaterialien bequem per Schiff angeliefert werden. Nach dem Ende der Baumaßnahmen in Osten erhielt Prey den Auftrag, den Bau des „Michel" in Hamburg zu leiten.

St. Petri am Ostedeich

Im hohen und weiten Kirchenschiff, das dem damaligen barocken Raumideal entsprach, fanden 1200 Gläubige Platz. Von allen Plätzen hatte man den Prediger auf der Kanzel im Blick.

Kanzelaltar

Außer dem monumentalen Kanzelaltar gab es keine Bilder in der Kirche, die von der Verkündigung des Evangeliums ablenken konnten. St. Petri zu Osten war, wie in den protestantischen Ländern damals üblich, als Predigtkirche konzipiert. Nur das Auge Gottes im Strahlenkranz, ein Symbol der Dreifaltigkeit, hoch oben auf dem Altar diente als Schmuck. Die Sitzordnung im Kirchenraum spiegelt die damalige Gesellschaftsordnung wider. Adel und Geistlichkeit betraten die Kirche durch einen separaten Eingang hinter dem Altar. Der Adel saß in Priechen auf Höhe der Emporen, die Prediger saßen in tiefer liegenden Priechen zu beiden Seiten des Altars. Nur die weltlichen Vertreter von König Georg II. durften oberhalb der Kanzel Platz nehmen. Die reichen Großbauern waren zwar nicht adlig, durften aber die restlichen Priechen kaufen und trugen damit den Großteil der Baukosten. Die Orgel war erst 1754 fertig, machte aber immer wieder Probleme, die auch durch Umbauten und Reparaturen nicht behoben werden konnten. Erst die komplette Erneuerung 1890 stellte die Organisten zufrieden.

Taufengel mit Knollennase

Einzigartig in Norddeutschland ist im Kirchenschiff von St. Petri zu Osten das Ensemble von Kanzelaltar, Priechen und

Emporen. Besonders ist auch der seit 2017 über dem Taufbecken schwebende Taufengel. Jonas Kötz hat ihn aus einem Eichenbalken einer kroatischen Weinpresse geschnitzt und auch ihm die Gestalt seiner Knollennasenmännchen gegeben. Bei Taufen schwebt er hinunter zum Taufbecken.

Orgel von St. Petri

Info

Lage: Am Markt, 21756 Osten

Weitere Aktivitäten:

- Sehenswert in Osten sind auch das Buddelmuseum (siehe Tipp 33) und die Schwebefähre (siehe Tipp 31).

Website: *petri-osten.wir-e.de/unsere-kirche*

HINWEISE:

- Der Heimatverein Osten e. V. hat in dem Buch „800 Jahre Kirchspiel Osten" die Geschichte des Ortes zusammengetragen.

33 Buddelmuseum

EINE BESONDERE RARITÄTENSCHAU

Regale und Schränke voller Schnaps- und Likörflaschen in allen Formen, Größen und Farben aus vielen Ländern der Welt gibt es im Buddelmuseum zu bestaunen.

Wer im Supermarkt eine Flasche Hochprozentiges kauft, dem kommt es in erster Linie auf den Inhalt an, die Flasche ist eher nebensächlich und landet wahrscheinlich früher oder später im Altglascontainer. Nicht so, wenn man in dem kleinen Ort Osten, am gleichnamigen Fluss, in die Alte Rektorschule geht und sich neben dem Trauzimmer und der Heimatstube auch das Buddelmuseum anschaut. Hier zählen nur die Originalität der Flaschenform und der Etiketten. Fast alle Ausstellungsstücke sind zwar noch mit dem originalen Inhalt gefüllt, doch Kostproben sind beim Museumsbesuch nicht vorgesehen.

Jan ten Doornkaat und seine Frau Anne, Familienmitglieder der bekannten holländischen Kornbrennerdynastie, hat irgendwann die Sammelleidenschaft gepackt und nicht wieder losgelassen. In 35 Jahren haben sie in allen Winkeln der Welt nach ungewöhnlichen Schnapsflaschen Ausschau gehalten, rund 4500 Stück sind im Museum in Osten gelandet.

Einige der 4500 Flaschen

Schach für Genießer

Anscheinend ist die Fantasie der Spirituosenhersteller grenzenlos, denn Hunde, Katzen, Pinguine, Seepferdchen, Schildkröten, Uhus, Eulen, Falken, Adler, Truthähne und Elefanten wurden schon mit Hochprozentigem gefüllt. Ebenso wie Fußbälle und Fußballschuhe, Zollstock und Hobel, Telefone mit altmodischer Wählscheibe sowie ein Grammophon. In Holland füllt man die Spirituosen gerne in Windmühlen und Grachtenhäuser, an der Nordsee verkauft sich der Pfirsich-Maracuja-Sahnelikör besonders gut als Seehundmilch. Selbst Flaschen in Bomben- und Pistolenform stehen im Museum, das zum Staunen, Stöbern und Schmunzeln einlädt.

Hochprozentige Telefone

Berliner Weisse und mehr

Info

Lage: Am Markt 5 (an der Kirche), 21756 Osten

Weitere Aktivitäten:

- Der Ortsheimatpfleger der Gemeinde Osten, Frank Auf dem Felde, bietet von Mai bis September mittwochs um 18 Uhr Führungen an, Themen sind unter anderem: Das Kirchdorf Osten; Von Zuckerbäckern, Peruquenmachern und anderem Handwerk; Die Ostener Ville; Von Waarenhäusern und Hökern; Von Hotels und Logishäusern; Von Damen, Frauenzimmern und anderem Unaussprechlichen; Tel. 04771 5888006, *feldauf@aol.com*, Treffpunkt Am Markt, 21756 Osten

Einkehren:

- Café Central Osten: Das Gasthaus gibt es schon über 100 Jahre, nur wenige Schritte vom Buddelmuseum mit Blick auf die Kirche. Gutes Frühstück, kleine, aber feine Karte, der selbst gemachte Kuchen sieht gut aus und schmeckt noch besser; Am Markt 2, 21756 Osten, *tourismus-hemmoor.de/gastro/cafe-central*

Website: *buddelmuseum.de*

34 Steingarten Lamstedt-Westerberg

FINDLINGS-GARTEN IM WALD

Auf einer Lichtung inmitten eines wunderschönen Waldes wurden mehr als 100 Findlinge aufgestellt, die von den letzten Eiszeiten ins Cuxland verfrachtet wurden.

Die Gemeinde Lamstedt mit rund 3400 Einwohnern liegt inmitten von Endmoränen der letzten Eiszeit, eine besonders ausgeprägte ist der bis zu 66 Meter hohe Westerberg. Im Hauptort lohnt die St.-Bartholomäus-Kirche, deren Kirchenschiff aus Feldsteinmauerwerk auf das Jahr 1300 zurückgeht, einen Besuch. Mit dem Bördehuus Loomst besitzt der Ort ein perfekt saniertes Hallenhaus, in dessen Obergeschoss das Norddeutsche Radiomuseum untergebracht ist.

Knapp vier Kilometer nordwestlich des Ortszentrums befindet sich der Steingarten Lamstedt-Westerberg. Durch eine Art Portal betritt man von der Straße den Steingarten, der sich auf einer Lichtung inmitten eines Mischwaldes mit vielen eingesprenkelten Birken befindet. Im Spätsommer, wenn die Besenheide den Boden noch mit einem lila Teppich überzieht und die Birken schon ihre Herbstfarbe zeigen, präsentiert sich der Steingarten von seiner schönsten Seite. Gleich am Eingang sind die größten

Das Tor zu den Steinen

Allee der Findlinge

Findlinge aufgestellt, von denen die schwersten mehrere Meter hoch sind und mehr als 40 Tonnen auf die Waage bringen. Sie alle sind Relikte der letzten Eiszeiten, die große Teile Nord-, Mittel- und Osteuropas umgestaltet haben. Alle Felsblöcke stammen aus Skandinavien und wurden vom Eis der Gletscher in die norddeutsche Tiefebene verfrachtet. Gefunden wurden sie in Kiesgruben und bei Bauarbeiten in der Region.

Die erratischen Blöcke, so der geologische Ausdruck für Findlinge, bestehen meistens aus Granit und Gneis. Am Eingang informiert eine Tafel über die Vereisungsgrenzen und Vergletscherungsgebiete der letzten Eiszeiten und die Transportwege der Findlinge. Eine weitere Infotafel gibt einen kleinen Einblick in die Petrografie, die Lehre von den Gesteinen. Sie befasst sich mit der Zusammensetzung, Bildung, Umbildung und Verbreitung von Gesteinen und erklärt beispielsweise den Unterschied zwischen Orthogneisen und Paragneisen. Ein großer Find-

Findling mit polierter Schnittfläche

ling aus skandinavischem Migmatit wurde angeschliffen und die Schnittfläche anschließend poliert. Für Geologen ist dies wie ein erdgeschichtliches Tagebuch, das ihnen viel über die Herkunft und die Entstehungsgeschichte dieses Steins erzählt. Ästheten hingegen begeistert vor allem die ausdrucksstarke Maserung dieses Findlings.

Zu den interessantesten Findlingen im Steingarten zählen die sogenannten Hemmoor-Kugeln. Dies sind kugelförmige Steine, die aus sand- und kalkhaltigen Ablagerungen des Meeresbodens entstanden sind. Entstanden ist dieser mit Molluskenschalen durchsetzte Kalksandstein vor ungefähr 17 Millionen Jahren im Erdzeitalter Hemmoorium. Die Funde waren so bedeutend, dass die Stadt Hemmoor namensgebend für die wissenschaftliche Bezeichnung Hemmoorium war.

Hemmoor-Kugel

Lage: 3,5 Kilometer nordwestlich von Lamstedt, direkt an der Straße Auf den Köven

Info

Weitere Aktivitäten:

- Norddeutsches Radiomuseum: Hier wird ein Rundgang durch 80 Jahre Rundfunkgeschichte geboten; im Bördehuus Loomst, Charly-Fischer-Weg 4, 21769 Lamstedt, *norddeutsches-radiomuseum.de*

Website: *boerde-lamstedt.de/seite/536203/steingarten.html*

HINWEIS: Den Steingarten ergänzt ein Vorgeschichtspfad, der über ein Großsteingrab und mehrere Hügelgräber informiert. Außerdem gibt es einen kleinen Waldlehrpfad.

35 Kombüse 53° Nord

KULTUR UND ESSEN MIT NIVEAU

Die Plakate an der Hauswand des Restaurants in Oberndorf machen neugierig: Gutes Essen = Gute Laune, Donnerstag Pizza, Essen + Trinken, Klönen + Kegeln und Hier ist Kultur drin ...

Die Gemeinde Oberndorf ist ein kleiner Ferienort, der auf der einen Seite der Oste aus den Ortsteilen Oberndorf, Laak, Braak, Ahrensflucht und Ahrensfluchter Moor besteht. Auf der anderen Seite der Oste liegen die Gemeindeteile Bentwisch, Zollbaum, Hasenfleet, Niederstrich, Niederstricher Deich, Moordeich, Moorstrich und Schwarzenmoor. Klingt nach viel, ist es aber nicht, denn nur etwa 1360 Einwohner leben in der gesamten Gemeinde. Doch so manch größerer Ort würde sich über die Kombüse 53° Nord wegen ihres gastronomischen und kulturellen Angebots freuen.

Ein Blick auf die Speisekarte macht die Entscheidung schwer: Schnitzel vom Hadler Schwein, paniert und goldgelb gebraten, oder knusprig gebratenes Welsfilet, körnige Senf-Soße mit feiner Schärfe, dazu Heikos köstliche Bratkartoffeln und ein kleiner Salat. Oder beste Currywurst – das Original aus dem VW-Werk, Teilenummer: 199 398 500B. Und auch an Vegetarier wird hier gedacht, unter anderem gibt es Quiche mit Lauch, Schafskäse und Curry-Ei-Käse-Guss auf herzhaftem Mürbeteig. Dazu, direkt auf dem Teller, ein frischer bunter Salat.

Kombüsenathmosphäre

Die wechselnden Tagesgerichte, darunter immer eine Suppe, findet man auf der Schiefertafel im Gastraum. Nichts Besonderes? Stimmt. Aber gekonnt zubereitet – und man achtet auf beste Qualität und kurze Wege. Mensch, Tier und Umwelt sollen nicht leiden. Doch man ist auch ehrlich: Die Balance zwischen Qualität, Umwelt, Preisen und Löhnen ist oft nicht einfach. Erfreulich ist das Preis-Leistungs-Verhältnis, zudem hilft die Größe der Portionen auch gegen den großen Hunger.

Immer donnerstags ist Pizzatag, die sind lecker und haben fantasievolle Namen wie Let the Sunshine in, Karma Chameleon oder Ring of Fire. Der Pizzatag in der Kombüse 53° Nord hat sich herumgesprochen, viele kommen auch aus den Nachbarorten, deshalb besser reservieren! Die Gasträume sind klein und, wie es sich für eine Kombüse gehört, mit maritimem Flair.

Kultur und Kleinkunst gibt es auch in der Kombüse 53° Nord. Jeden dritten Mittwoch im Monat kommt der Musiker-Stammtisch zur Jam Session zusammen. Gitarre, Akkordeon, Mundharmonika und so manches exotische Instrument finden dann den Weg in die Kombüse, Mitmachen und Mitsingen ist erlaubt und erwünscht. Hin und wieder wird die Kombüse zum Nähcafé, dann ist Stricken, Nähen und Häkeln angesagt. Freitags trifft man sich zum Frühschoppen und am ersten Wochenende im Monat am Samstag und Sonntag ab 14 Uhr zu Kaffee und Kuchen, selbstverständlich selbst gebacken.

Es lohnt sich immer, einen Blick in den Kulturkalender zu werfen, denn seit 2013 sorgen Kersten Wellm und Barbara Schubert für ein abwechslungsreiches Programm aus Konzerten, Lesungen und Theatervorführungen.

Sommergarten der Kombüse

Lage:
Hauptstraße 28, 21787 Oberndorf
Website:
die-oberndorfer.de/109-0

Info

36 Familienerlebnisweg Wingst

VOM ZOO IN DEN WALD

Abwechslung zu den brettebenen Wiesen und Weiden des Marschlandes bieten die hügeligen Wälder der Wingst. Aktivurlauber finden hier viele Betätigungsmöglichkeiten, denn das Gebiet ist von zahlreichen Wanderwegen durchzogen. Zoo, Schwimmbad, Sommerrodelbahn, Baumseilpfad und Spielplätze gefallen auch dem Nachwuchs.

Zum Bärengehege

Das Dreieck zwischen Cuxhaven, Stade und Bremerhaven ist eine überwiegend flache Region. Über weite Strecken prägen Wiesen und Felder die Marschlandschaft. Zumindest ein wenig hügelig zeigt sich die Wingst: Die höchste Erhebung, der Silberberg, erreicht immerhin 74 Meter. Und auch der Deutsche Olymp (62 Meter) liegt in der Wingst. Diese Hügel stammen von einer eiszeitlichen Moräne, die hier Material abgelagert und einen Geestrücken gebildet hat. Im Gegensatz zur Marsch sind große Teile des Geestrückens mit Mischwäldern bedeckt.

Die waldreiche Wingst ist seit jeher ein beliebtes Ausflugsgebiet der Cuxhavener. Eines der meistbesuchten Ziele ist der Zoo. Dessen Tierliste liest sich beachtlich vom Alpaka bis zum Zwergotter bei den Säugetieren und vom Bartkauz bis zum Weißstorch bei den Vögeln, außerdem gibt es ein kleines Reptilienhaus. Bei allen Tieren wird auf eine möglichst artgerechte Haltung geachtet und der Zoo beteiligt sich auch an Nachzuchtprogrammen für bedrohte Tierarten. Besonders naturnah ist das separate Braunbären- und Wolfsgehege mitten im Wald. Für die Kleinen gibt es einen Streichelzoo.

Picknickplatz

Dendrophon

Der gut ausgeschilderte Familienerlebnisweg beginnt am Zoo und führt zu Beginn am Bären- und Wolfsgehege entlang. Auf dem rund drei Kilometer langen Wanderweg, der auch mit Kinderwagen gut zu meistern ist, gibt es zehn Erlebnisstationen, unter anderem ein Dendrophon, bei dem man lernt, dass unterschiedliche Hölzer unterschiedlich klingen. Damit dem Nachwuchs beim Spaziergang nicht langweilig wird, gibt es unterwegs einen Waldspielplatz.

Die Erwachsenen begeistert wahrscheinlich mehr der Aussichtsturm auf dem Deutschen Olymp, der aus dem Wald herausragt und so einen weiten Blick bis zur Elbe und zur Nordseeküste ermöglicht. Mitte des 19. Jahrhunderts gab es eine optische Telegrafenlinie von Cuxhaven bis Hamburg, mit Stationen auf Häusern und Kirchtürmen – und einer auf dem Olymp. Infotafeln erklären die Funktionsweise und ein Modell animiert zum Versenden eigener Botschaften.

Spaß für die Kleinen

Der Direktor der Hamburg-Altonaer Telegraphen-Linie Johann Ludwig Schmidt war ein Liebhaber griechischer Mythologie, deshalb geht man davon aus, dass er die Idee hatte, den früheren Fahlenberg in Deutscher

Deutscher Olymp

Olymp umzubenennen. Als sicher gilt, dass der Gastronom Hinrich Thumann 1855 den Hügel in Deutscher Olymp umgetauft und dies mit einem ziemlich schwülstigen Gedicht untermauert hat.

Zwischen Aussichtsturm und Zoo liegt der Kurpark Wingst. Hier kann man Fitnessgeräte nutzen, Minigolf spielen oder die Kneipp-Anlage nutzen. Auch die Musikveranstaltungen unter dem Motto Sommer im Park sind immer gut besucht.

Info

Lage: Am Olymp 12, 21789 Wingst

Weitere Aktivitäten:

- Spielpark Wingst: Der Park bietet eine 500 Meter lange Sommerrodelbahn, eine Minigolfanlage, einen Baumseilpfad, einen Niedrigseilgarten für Kinder ab drei Jahren sowie ein Hallen- und Freibad mit großer Rutsche; Schwimmbadallee 10a, 21789 Wingst, *wingst.de/aktiv/spielpark-wingst*

Einkehren: Im Zoo gibt es einen Imbiss und ein Café.

Website: *wingst.de/tour/familienerlebnisweg-wingst*

Bad Bederkesa und Umgebung

Burg Bederkesa in Bad Bederkesa

Bad Bederkesa und Umgebung

37. Bederkesaer See: zu Fuß oder mit dem Rad um den See
38. Burg Bederkesa: Ritterburg und Bootsgräber
39. Vorgeschichtspfad Flögeln: zu Großsteingräbern und Grabhügeln
40. Ahlenmoor: ein Tag im Moor

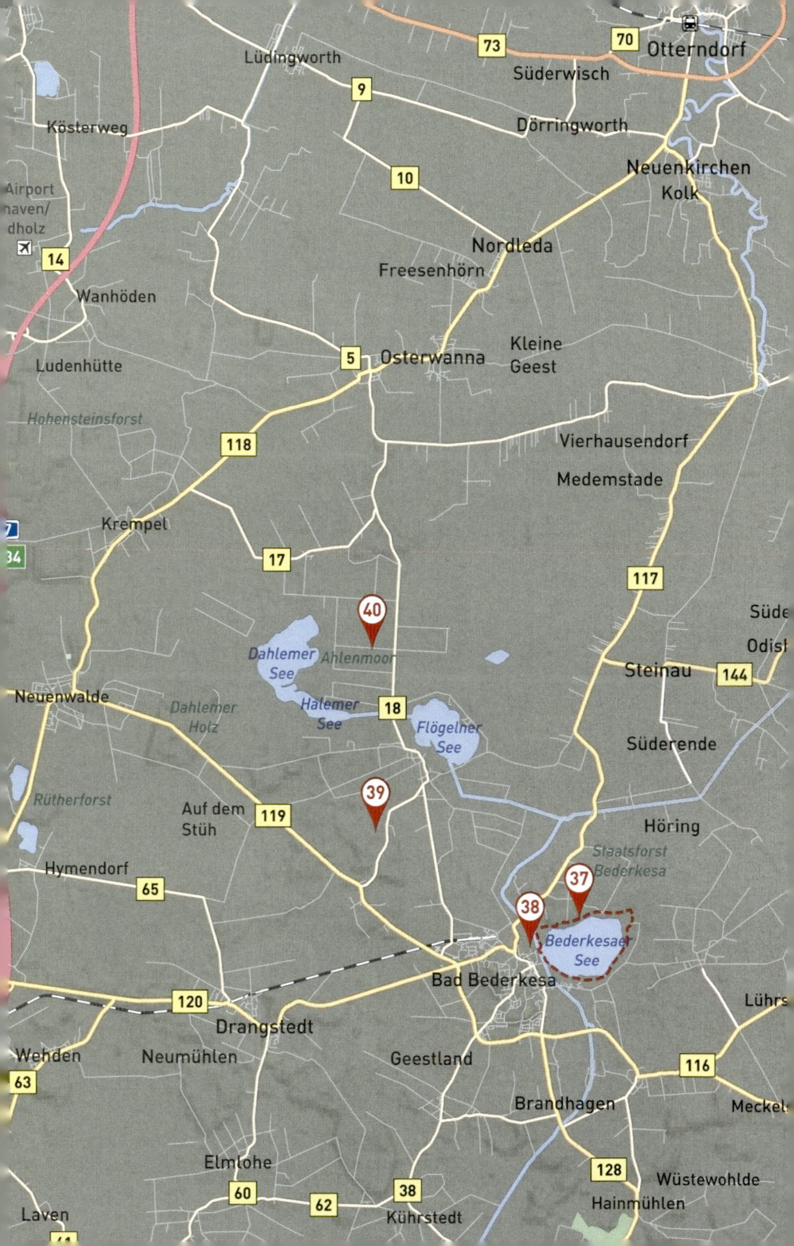
Lüdingworth
73
70
Otterndorf
Süderwisch
9
Kösterweg
Dörringworth
10
Neuenkirchen
Kolk
14
Nordleda
Freesenhörn
Wanhöden
5
Osterwanna
Kleine Geest
Ludenhütte
Hohensteinsforst
118
Vierhausendorf
Medemstade
Krempel
17
117
40
Dahlemer See
Ahlenmoor
Steinau
144
Neuenwalde
Dahlemer Holz
Halemer See
18
Flögelner See
Süderende
Rütherforst
39
Auf dem Stüh
119
Höring
Staatsforst Bederkesa
37
Hymendorf
65
38
Bederkesaer See
Bad Bederkesa
120
Drangstedt
Wehden
Neumühlen
Geestland
116
63
Brandhagen
Elmlohe
128
Wüstewohlde
60
62
38
Hainmühlen
Laven
Kührstedt

37 Bederkesaer See

ZU FUSS ODER MIT DEM RAD UM DEN SEE

Der
Bederkesaer See
zählt mit einer Fläche
von 220 Hektar zu
den größten Seen Nieder-
sachsens, mit einer
maximalen Wassertiefe
von 1,20 Meter gehört er zu
den Flachgewässern. Es
ist ein natürlicher Moor-
see, der sich durch den
Grundwasseranstieg
nach der letzten Eis-
zeit gebildet hat.

Üppiges Grün am Wegesrand

Die Landschaft um Bederkesa wurde maßgeblich durch die verschiedenen Kaltzeiten geprägt. Während der vorletzten Eiszeit vor etwa 100.000 Jahren waren weite Teile Norddeutschlands von Eis bedeckt, was zu mächtigen Ablagerungen von Sand, Kies und Geschiebemassen führte, die heute die Geest bilden. In der letzten Eiszeit, die vor rund 11.000 Jahren zu Ende ging, erreichten die Gletscher das Gebiet der südlichen Nordsee nicht mehr. Jedoch führte die Erwärmung zu einem Anstieg des Meeresspiegels und zu einer großflächigen Verschiebung der Küstenlinie, wodurch weite Teile der Geestlandschaft im Meer versanken. In der Gegend von Bederkesa findet man Geest, Marsch und Moor in unmittelbarer räumlicher Nähe.

Der Bederkesaer See war schon einmal vollständig verlandet, wegen des Anstiegs des Meeresspiegels vor rund 4500 Jahren entstand er jedoch neu. In dem See sammelt sich das Wasser der umliegenden Geest- und Moorgebiete. Im 18. Jahrhundert entwässerte der See das Sietland über die Flüsse Aue und Medem in die Elbe. Seit 1855 übernimmt dies ein Kanal, der direkt am Bederkesaer See vorbeiführt und zum Schifffahrtsweg Elbe-Weser gehört. Heute nutzen die Wasserstraße vor allem Sportboote als Abkürzung zwischen den beiden Flüssen.

Von der Burg geht man ein kleines Stück durch den Kurpark und kommt zur Brücke über den Kanal. Wenn sie nicht gerade vermietet sind, liegen am Kanalufer bis zu einem Dutzend komfortable Hausboote. Hinter der Brücke bietet sich eine Einkehr im Restaurant Dobbendeel an, von dem sich ein weiter Blick über den See öffnet. Ähnlich schöne Aussichten hat man von den beiden Beobachtungstürmen an der etwa sieben Kilometer langen Runde um den See.

Kanal zwischen Stadt und See

Wendet man sich nach links, kommt man bald zum Naturschutzgebiet Holzurburg mit ausgedehnten Wäldern und Mooren. Im Wald unweit des Seeufers befindet sich eine der weitläufigsten Wallanlagen im Landkreis Cuxhaven, ihr äußerer Wall umschließt rund 65 Hektar, der innere etwa 1,7 Hektar. Erbauer und Zweck der Anlage sind unbekannt, Archäologen datieren sie auf das 9./10. bzw. 13./14. Jahrhundert.

Über weite Strecken verläuft der markierte Wanderweg am See entlang, durch den üppig wachsenden Schilfgürtel bieten sich immer wieder Blicke aufs Wasser. Wegen der geringen Tiefe und des moorigen Bodens eignet sich der See nicht zum Baden. Dafür erfreuen Seerosen und gelbe Teichrosen auf der Wasseroberfläche das Auge. Im Übergangsbereich vom Wasser zum Land breiten sich Schilf, Teichbinse und Rohrkolben aus,

Hausboote

weiter landeinwärts wachsen verschiedene Seggenarten. Wo der Boden nicht dauerhaft überflutet ist, kommen Erlen, Birken und verschiedene Weidenarten vor. Gegen Ende der Seerunde liegt ein kleiner Sportboothafen, bevor man wieder zum Restaurant Dobbendeel kommt.

Auf Schotterwegen

Info

Lage: Bederkesa, 27624 Geestland; Zugang zum See über die Amtsstraße und die Straße/Brücke Dobbendeel

Weitere Aktivitäten:

- Moortherme Aqua Vitales: Solebecken, Whirlpool, Schwimm- und Spaßbereich sowie eine Sauna- und Wellnesslandschaft sorgen für Entspannung; Berghorn 13, 27624 Geestland Bad Bederkesa, *moor-therme.de*
- Eine Ausstellung in der Burg Bederkesa informiert über die Geschichte der Region (siehe Tipp 38).
- Auf dem Mühlenberg oberhalb des Ortes steht seit 1881 die Kornwindmühle; Beerster Mühlenweg 11, 27624 Geestland Bad Bederkesa, *windmuehle-bederkesa.de*

Einkehren:

- Restaurant Dobbendeel: regionale Speisen im jahreszeitlichen Wechsel mit Blick auf den See; Dobbendeel 1, 27624 Geestland, *dobbendeel.de*

Übernachten:

- Romantikhotel Bösehof: Zentrumsnah bietet das Romantikhotel Vier-Sterne-Komfort samt Wellnesbereich und Restaurant; Hauptmann-Böse-Straße 19, 27624 Geestland, *boesehof.de*

Website: *geestlanderleben.de/poi/bederkesaer-see*

38 Burg Bederkesa

RITTERBURG UND BOOTSGRÄBER

Die Geschichte der Burg lässt sich bis in Mittelalter zurückverfolgen, sie gehört deshalb zu den wichtigsten und ältesten Profanbauten im Landkreis Cuxhaven. Nach vielen Besitzerwechseln befand sich das Gebäude in den 1970er-Jahren in einem ruinösen Zustand, wurde aber vor dem Abriss bewahrt und bis 1983 rekonstruiert. Heute beherbergt die Burg ein sehenswertes Museum.

Burg Bederkesa

Im 12. Jahrhundert erbauten die Ritter von Bederkesa die erste Burg auf einem Hügel in der Nähe des Sees. Von dieser ersten Burganlage aus Holz ist nichts mehr erhalten. Ab der zweiten Hälfte des 15. Jahrhunderts wurden die ersten Steingebäude errichtet und in der Folgezeit durch zahlreiche Umbauten verändert. Nach den Rittern von Bederkesa fiel die Burganlage abwechselnd an die Stadt Bremen, an Schweden, Hannover, Preußen und schließlich an mehrere Privatleute. So vielfältig wie die Besitzer waren auch die Um- und Ausbauten der Anlage, die aber den Verfall nicht stoppen konnten. Die Gründung eines Fördervereins 1975 verhinderte den Abriss, die anschließende Rekonstruktion orientierte sich am Aussehen der Burg im 17. und 18. Jahrhundert. Heute präsentiert sich die Burg Bederkesa als perfekt saniertes, dreiflügeliges Schloss.

Vor dem Eingang zur Burg steht auf einem Sockel ein steinerner Roland, der möglicherweise von einem Bremer Bildhauer um das

Rolandfigur

Jahr 1600 geschaffen wurde. Die Statue zeigt einen Ritter in türkisfarbener Rüstung zur Zeit der Spätrenaissance, mit gezogenem Schwert in der Rechten und einem Schild in der Linken, das den doppelköpfigen Reichsadler zeigt.

Ritterschild

Das archäologische Museum im Innern der Burg präsentiert einige der wichtigsten Funde des Landkreises Cuxhaven vom 4. Jahrtausend v. Chr. bis zur Neuzeit, die die vor- und frühgeschichtliche Besiedlung des Gebietes beleuchten. Herausragend sind die gut erhaltenen Holzfunde aus der Wurtensiedlung Feddersen-Wierde und dem Gräberfeld an der Fallward, die beide in der Marsch in der Nähe von Wremen liegen.

Frühe Siedlung am See

Bootsgrab

Bei der Ausgrabung des Gräberfeldes an der Fallward wurden zwei Bootsgräber entdeckt, in denen die Verstorbenen in einem Einbaum beigesetzt wurden. Vor allem das Bootsgrab Zwei verblüfft durch den guten Erhaltungszustand und die reichen Grabbeigaben. In diesem Einbaum aus Eiche, der zur Bestattung mit einer Dachkonstruktion versehen wurde, wurde Anfang des 5. Jahrhunderts ein erwachsener Mann in Rückenlage beigesetzt. Unter den im Einbaum gefundenen Möbeln ist ein mit Kerbschnitt verzierter Stuhl, der als Thron aus der Marsch bezeichnet wird, hervorzuheben. Außerdem wurden eine Fußbank, ein

Steinreliefs

kleiner Tisch und ein Holzgefäß, alle mit aufwendigen Verzierungen versehen, mit dem Toten bestattet. Ein römischer Militärgürtel aus dem Boot legt die Vermutung nahe, dass der Tote einst im römischen Heer diente, einen hohen Rang innehatte und nach Ende seiner Dienstzeit in seine Heimat zurückgekehrt ist.

Thron aus der Marsch

Info

Lage: Amtsstraße 17, 27624 Geestland

Weitere Aktivitäten:

- In den Sommermonaten kann man an einigen Terminen mit der Museumseisenbahn von Drangstedt nach Bremerhaven fahren. Von Bad Bederkesa nach Drangstedt wird ein Shuttlebus angeboten; *museumsbahn-bremerhaven-bederkesa.de*
- Moortherme Aqua Vitales: Solebecken, Whirlpool, Schwimm- und Spaßbereich sowie eine Sauna- und Wellnesslandschaft sorgen für Entspannung; Berghorn 13, 27624 Geestland Bad Bederkesa, *moor-therme.de*
- Rund einen Kilometer südlich der Burg bildet die Kornwindmühle auf dem Mühlenberg ein weiteres Wahrzeichen der Region. Veranstaltungen siehe Webseite; Beerster Mühlenweg 11, 27624 Geestland Bad Bederkesa, *windmuehle-bederkesa.de*

Einkehren:

- Jaspatho: Auf der sonnigen Terrasse, in der Lounge oder im Gewölbekeller der Burg kann man sich stärken; Amtsstraße 15, 27624 Geestland Bad Bederkesa, *jaspatho.de*

Website: *burg-bederkesa.de*

39 Vorgeschichtspfad Flögeln

ZU GROSSSTEINGRÄBERN UND GRABHÜGELN

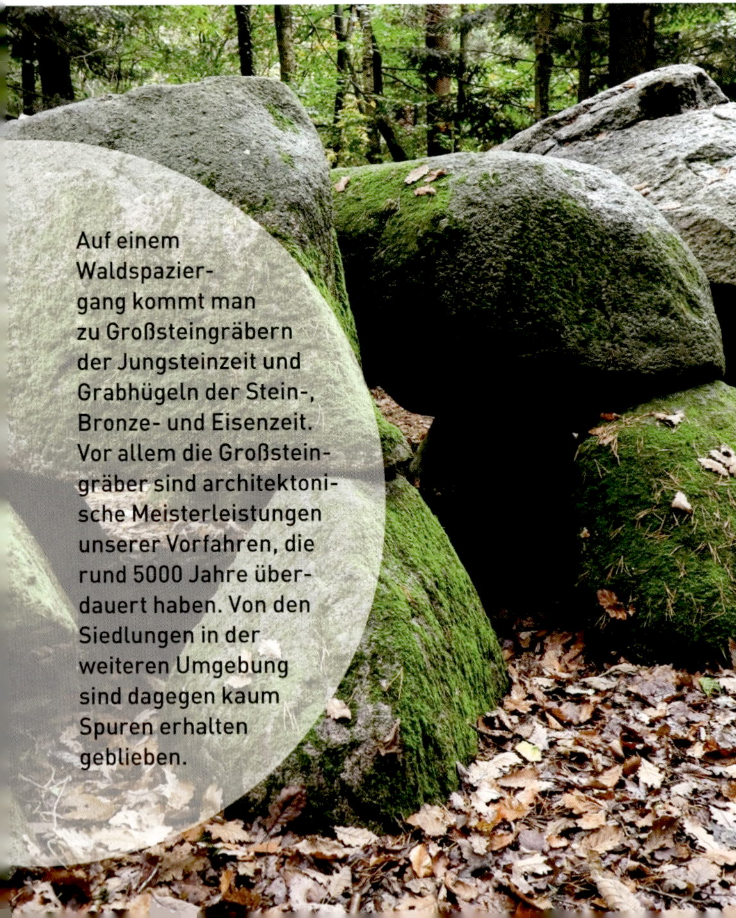

Auf einem Waldspaziergang kommt man zu Großsteingräbern der Jungsteinzeit und Grabhügeln der Stein-, Bronze- und Eisenzeit. Vor allem die Großsteingräber sind architektonische Meisterleistungen unserer Vorfahren, die rund 5000 Jahre überdauert haben. Von den Siedlungen in der weiteren Umgebung sind dagegen kaum Spuren erhalten geblieben.

Nur wenige Schritte vom Beginn des rund zwei Kilometer langen Rundweges kommt man zu den eindrucksvollsten Relikten, den beiden Großsteingräbern aus der Jungsteinzeit. Die teils tonnenschweren Steine wurden von den eiszeitlichen Gletschern aus Skandinavien hierher verfrachtet und von den ersten sesshaften Menschen Nordeuropas, die hier Ackerbau und Viehzucht betrieben, zu Gräbern aufgeschichtet. Für Archäologen gehören die Erbauer, die uns eine besondere Gefäßform hinterlassen haben, zur sogenannten Trichterbecherkultur.

Das erste Großsteingrab befindet sich unter einem Erdhügel und hat eine knapp sechs Meter lange und zwei Meter breite Grabkammer, die aus zehn Trag- und fünf Decksteinen gebildet wird. Erstmals 1882 wurde das Grab geöffnet, wobei man eine Axt, eine Speerspitze und für die Trichterbecherkultur typische Keramikfragmente gefunden hat. Heute ist der Eingang mit einem eisernen Gitter verschlossen, durch das man einen Blick ins Innere werfen kann.

Eingang zur Grabkammer

Grabkammer

Das zweite Großsteingrab befindet sich nicht unter einem Erdhügel, der wurde vermutlich im 19. Jahrhundert, als das Grab als Steinbruch diente, abgetragen. Zu dieser Zeit wurden sowohl Steine der Umfassung abtransportiert als auch Decksteine gesprengt. Auch in diesem Grab fanden Archäologen zahlreiche Relikte, die darauf hindeuten, dass hier noch in der jüngeren Bronzezeit (1200–600 v. Chr.) Menschen bestattet wurden.

Im weiteren Verlauf des Vorgeschichtspfades kommt man an rund zwei Dutzend unterschiedlich großen Grabhügeln vorbei, die während der Jungsteinzeit, Bronzezeit und beginnenden Eisenzeit aufgeschüttet wurden. In ihnen wurden anfangs vollständige Körper und später Urnen bestattet. Einst waren einige der Hügel mit großen Findlingen eingefasst, die jedoch in jüngerer Zeit als Baumaterial genutzt wurden.

Im Norden des Pfades befindet sich mit 35 Meter Durchmesser und fünf Meter Höhe einer der größten Grabhügel im Landkreis Cuxhaven. Über viele Generationen wurde dieser Hügel als Bestattungsstätte genutzt, erst mit der Verbreitung des Christentums wurden die Toten auf Friedhöfen in der Nähe von Kirchen beigesetzt. Eine genaue Datierung der Gräber unter den Hügeln ist oft nicht möglich, denn es gab mehrere Versuche, an die Grabbeigaben heranzukommen; ob dabei Fundstücke entwendet wurden, ist nicht bekannt.

Großer Grabhügel

Heute befinden sich die Grabhügel inmitten eines dichten Laubwaldes und wirken relativ unscheinbar, doch als sie angelegt wurden, lagen sie inmitten einer offenen Heidelandschaft und bildeten imposante Landmarken, die schon aus der Ferne zu sehen waren.

Großsteingrab der Trichterbecherkultur

Info

Lage: Der Vorgeschichtspfad befindet sich an der Straße zwischen Flögeln und Fickmühlen. Der Pfad führt durch dichten Laubwald, er ist markiert und mit Infotafeln ausgestattet.

Weitere Aktivitäten:

- In Fickmühlen befindet sich das Rittergut Valenbrook, das für exklusive Veranstaltungen gemietet werden kann. Außerdem können sich Langzeitmieter in luxuriösen Gästehäusern einquartieren; *valenbrook.de*
- Im kleinen Ort Flögeln, direkt am gleichnamigen See gelegen, wurden alle historisch wichtigen Häuser mit Infotafeln versehen; *floegeln.de*

HINWEIS: Im archäologischen Museum der Burg Bederkesa sind Funde aus den beiden Flögelner Großsteingräbern sowie weitere Artefakte aus der Vor- und Frühgeschichte des Landkreises Cuxhaven ausgestellt (siehe Tipp 38).

40 Ahlenmoor

EIN TAG IM MOOR

Das Moor ist voller dunkler Geheimnisse. Faszinierend, rätselhaft und unergründlich wabert der Nebel übers nächtliche Moor. Es ist ein Ort ohne Wiederkehr – so wird es oft in Literatur, Kunst und Film dargestellt. Ein sonniger Tag im Ahlenmoor zeichnet ein anderes Bild, das einer faszinierenden Landschaft, die vielerorts von Menschen verändert oder sogar zerstört wurde.

Nach über 100 Jahren Entwässerung und Kultivierung hat sich das einst 4000 Hektar große Ahlenmoor verändert. Weite Teile werden heute landwirtschaftlich genutzt, andere Flächen wurden abgetorft und wieder vernässt. Nur wenige Hektar sind in einem natürlichen Zustand erhalten geblieben. Fast 200 Hektar stehen unter Naturschutz, sowohl die letzten naturnahen Hochmoorflächen als auch die ehemaligen Abtorfungsflächen. Hier sollen die Bestände selten gewordener Pflanzen und Tiere stabilisiert werden, beim Sonnentau und beim Wollgras sind schon Erfolge sichtbar. Und auch die Kraniche nutzen das Ahlenmoor wieder als Rastplatz während des Vogelzuges und als Brutgebiet.

Bagger zum Moorabbau

In der Nähe des Ortes Ahlen-Falkenberg gab es bis 2002 ein Torfwerk, das nach der Stilllegung zum Moorinformationszentrum, kurz MoorIZ, umgebaut wurde. Die Erlebnisausstellung informiert multimedial über das Ökosystem Moor, wie es entstanden ist, welche Pflanzen und Tiere diesen extremen Standort besiedeln und warum Torf für die Menschen solch ein wichtiger Rohstoff war. Vom obersten Stockwerk kann man einen weiten Blick ins Ahlenmoor werfen, eine begehbare Luftaufnahme zeigt das gesamte Cuxland.

Vom MoorIZ sind es nur wenige Schritte zum Bahnhof der ehemaligen Betriebsbahn des Torfwerkes. Heute fungieren die kleinen Elektroloks und die überdachten Lorenwagen als Moorbahn und fahren Besucher auf einem wackligen Schienenstrang mehr als fünf Kilometer durchs Moor. Während der gut zweistündigen Fahrt gibt es vier Haltepunkte, an denen man alles Wissenswerte über den Lebensraum Hochmoor erfährt.

Wer lieber auf eigene Faust einen Spaziergang machen möchte, wählt den rund drei Kilometer langen Moorpad. Dieser führt durch eine von Menschen in 100 Jahren geschaffene Kulturlandschaft. Entlang des Weges sieht man, wo Torf gestochen und das Moor entwässert wurde, man läuft aber auch an landwirtschaftlich genutzten Flächen vorbei. Unterwegs bieten rund ein Dutzend Infotafeln Hintergrundwissen.

Auf den ersten Blick unspektakulär wirkt das 500 Quadratmeter große Versuchsfeld mit Torfmoosen, doch es könnte viele Moore vor der Zerstörung retten. Noch immer

Siedler im Moor

enthalten die meisten Blumenerden Torf, der in Mooren abgebaut wird. Eine umweltfreundlichere Alternative ist Blumenerde aus Kompost – oder in Zukunft vielleicht aus Torfmoosen. Wenn alles nach Plan läuft, kann man den Torfmoosrasen nach drei Jahren abernten und daraus Blumenerde herstellen. Bei geschätzten drei Tonnen Trockenmasse Torfmoos pro Hektar und Jahr wäre dies eine wirtschaftlich lohnende, umweltschonende Nutzung von Mooren.

Info

Lage: Am Hohen Kopf 3, 21776 Wanna

Weitere Aktivitäten: Eine rund sechs Kilometer lange Wanderung führt vom Nordufer des Flögelner Sees zum Aussichtsturm am Halemer See und wieder zurück zum Ausgangspunkt. Ein Stück wandert man über einen Holzsteg mitten durch ein naturnahes Hochmoorgebiet.

Einkehren:

- Torfwerk: Im MoorIZ gibt es ein Café-Restaurant mit Außenterrasse; *ahlenmoor.de/mooriz/gastronomie*

Website: *ahlenmoor.de*

HINWEISE:

- Die Moorbahn fährt in der Regel täglich um 14 Uhr.
- Moorerlebnispfad: Der Pfad am Nordufer des Flögelner Sees beginnt beim Campingplatz, er ist in rund einer Stunde zu gehen. Wegen einer umfangreichen Sanierung ist der Pfad voraussichtlich bis Ende 2022 geschlossen.

Bremerhaven und südliches Cuxland

Thieles Garten in Bremerhaven

Bremerhaven und südliches Cuxland

41. Otterbiotop Lunestedt: Wo sind denn die Otter?
42. Gesundheitspark Speckenbüttel: Erholung und Aktivitäten für alle
43. Thieles Garten: ungewöhnliche Skulpturen und exotische Pflanzen
44. Schaufenster Fischereihafen: Ziel für Fischliebhaber
45. St. Marien in Loxstedt: der Loxstedter Totentanz

66
Hymendorf
118
65
Grauwall Kanal
129
135
Debstedt
120
Drangstedt
118
64
Wehden
Neumühlen
Weddewarden
Stadtwerkewald
Leherheide
Langen
43
42
63
Markfleth
Elmlohe
Laven
Spaden
61
60
Überseehafengebiet
E234
Geeste
Geeste
Bramel
182
Blexen
Schiffdorf
NIEDERSACHSEN
44
Friedheim
Sellstedt
27
Bremerhaven
58
Heidekult
BREMEN
Donnern
143
Siedewurt
Auf der Jührde
71
45
Overwarfe
Loxstedt
Friedrich Wilhelmsdorf
Heerstedt
121
Nesse
Lune
437
Westerbevers
Lune
41
Kniepe
Hollen
Lunestedt
Sühne
45
Schwegen
Hollenerkamp
Hahnenkoop
135
50

41 Otterbiotop Lunestedt

WO SIND DENN DIE OTTER?

Die Lune, ein Nebenfluss der Unterweser, hat von der Quelle bis zur Mündung eine Länge von gut 40 Kilometern. Die Niederung der Lune und ihre Umgebung sind geprägt von Wiesen, Weiden, Ufervegetation und Bruchwäldern. Aus ehemaligen Klärteichen am Flusslauf wurde ein Otterbiotop, in dem auch viele andere geschützte Tiere und Pflanzen einen Lebensraum gefunden haben.

„Bitte seien Sie nicht enttäuscht, wenn Sie den Fischotter nicht entdecken! Fischotter sind nämlich sehr scheu und nur nachts aktiv auf Futtersuche. Tagsüber halten sie sich in verschiedenen Verstecken am Flussufer oder hier im Otterbiotop verborgen. Dafür haben wir den Tieren gute Voraussetzungen geschaffen. Anhand von Trittspuren, Fraßresten und Kotmarkierungen wissen wir, dass sich Fischotter hier aufhalten, gesehen haben aber auch wir sie noch nicht."

Diese Warnung vom Forum Natur Lunekring liest man gleich beim Betreten des Otterbiotops. Der Besuch lohnt aber trotzdem, denn von den Bohlenstegen und den Aussichtstürmen blickt man in ein urwüchsiges Feuchtbiotop, in dem für viele Tiere und Pflanzen ein geschützter Lebensraum geschaffen wurde. So auch für den Fischotter, der seit den 1970er-Jahren vom Aussterben bedroht ist. Der scheue Einzelgänger benötigt großflächige Gewässer und eine Auenlandschaft in einem guten ökologischen Zustand. Der Fischotter fühlt sich in einem Terrain mit Büschen und Bäumen wohl, die ihm Schutz bieten, in Flüssen, Seen und Teichen muss er ausreichend Nahrung finden. In den ehemaligen Klärteichen, die renaturiert wurden, findet der nachtaktive Wassermarder genau diese Bedingungen.

Bohlensteg im Otterbiotop

Fischotter wird man wohl nicht sehen, mit etwas Geduld aber Rehwild, Hasen, Bisamratten und einige der rund 70 Vogelarten, die hier leben. Darunter sind verschiedene Entenarten, Habicht, Sperber, Mäusebussard, Fasan, Kuckuck und Feldlerche. Für Störche hat man auf hohen Masten Brutplätze geschaffen, auf den Feldern rings um das Otterbiotop sieht man unter Umständen Kraniche. Für Eisvögel hat man vier Bruthöhlen angelegt, und so kann man mit etwas Glück und Geduld vielleicht auch den „Diamanten der Vogelwelt" beobachten. Weitere Brutkästen und mehrere Insektenhotels sollen weitere Vögel und Insekten anlocken. Vom Aussichtsturm am Ende des Bohlenweges hat man den besten Blick auf die Teiche und die nahe vorbeifließende Lune.

Fischotter

Das Quellgebiet der gemächlich fließenden Lune liegt südwestlich von Bremervörde zwischen Basdahl und Hipstedt. Von dort mäandert der Wiesenfluss an Beverstedt, Lunestedt und Nesse vorbei, bis er am Lunesiel südlich von Bremerhaven in die Weser mündet. Eine andere Perspektive bietet eine Kanutour auf der Lune. Ungefähr 16 Kilometer des Flusses können mit Kanu oder Kajak befahren werden, Ein- und Ausstiege befinden sich in Deelbrügge, Lunestedt, Düring und Nesse.

Unterwegs auf der Lune

Info

Lage: Otterbiotop Lunestedt, 27616 Beverstedt

Weitere Aktivitäten:

- Tierpark Cux-Art: Der Tierpark ist kinder- und familienfreundlich, viele Tiere laufen frei herum. Hier werden auch alte Haustierrassen gehalten, es gibt Alpakas, Esel, Ziegen, Pfauen, Lamas und viele andere Tiere zu sehen; Heerstedter Mühlenweg 13, 27616 Beverstedt, *cux-art.de*

Website: *beverstedt.de/bauen-und-wirtschaft/umwelt-und-klimaschutz/projekte*

HINWEIS: Unbedingt ein Fernglas und Zeit mitbringen!

42 Gesundheitspark Speckenbüttel

ERHOLUNG UND AKTIVITÄTEN FÜR ALLE

Nach vielen Jahren der Neugestaltung wurde der Gesundheitspark Speckenbüttel 2013 als einer von 100 besonderen Orten des Bundes deutscher Landschaftsarchitekten ausgezeichnet. Zu Recht, denn auf 80 Hektar bietet die Parklandschaft vielfältige Attraktionen und Betätigungsmöglichkeiten.

Die Geschichte des Parks begann mit Schießübungen der Leher Schützen um 1835, sie legten Wege an und feierten 1849 ihr erstes Schützenfest. Schon einige Jahre später wurde der kleine Park ein beliebtes Ausflugsziel. Ab 1880 gab es mehrere Erweiterungen bis zur heutigen Größe und der Park entwickelte sich zum Volksgarten. Eine Pferderennbahn und eine Radrennbahn sorgten für sportliche Höhepunkte.

Freilichtmuseum

1896 wurde das Parktor im Stil des Historismus gebaut. Dann kam das erste Haus des Parks mit Festsaal für Konzerte, dann das Kaffeehaus sowie eine romantische Ruine, die zur Naturbühne wurde. Ab 1908 wurden die ersten Gebäude des Geesthofanlage im Park wieder aufgebaut und begründeten so eines der ältesten Freilichtmuseen Deutschlands.

Ab 2001 wurde im Rahmen eines langfristigen Masterplans die Umgestaltung zu einem Gesundheitspark begonnen, wobei besonderes Augenmerk auf die Trends Wellness und Fitness für jeden und jede in jedem Alter gelegt wurde. Die Nadelbäume im westlichen Teil wurden gerodet, um Freiflächen für vielfältige Nutzungen zu schaffen.

Heute bietet der Park eine Vielzahl an Möglichkeiten, es gibt einen Barfußpfad, eine Kneipp-Anlage, einen Motorikpark, einen Fitness-Parcours, eine gelenkschonende Laufbahn, einen Bouleplatz, eine BMX-Bahn, einen Rosengarten, Rasenflächen, drei Spielplätze sowie einen Grillplatz. Vom Yin-und-Yang-Platz

Laubbaumallee

können Besucher die Wasserfontäne im Bootsteich beobachten.

Interessant ist der Spaziergang durch die Allee der heilenden Bäume. Die Allee besteht aus 13 verschiedenen Baumarten; insgesamt sind es 52 Bäume, die früher in der Heilkunde, als Tee, Aufguss oder Salbe, eine große Rolle gespielt haben. Dazu zählen die Rinde der Silberweide mit fiebersenkender und schmerzlindernder Wirkung sowie die Nadeln und Sprossen der Fichte, die eine schleimlösende, leicht desinfizierende und durchblutungsfördernde Wirkung bei Atemwegserkrankungen, Muskel- und Nervenschmerzen versprechen.

Kunst am Wegesrand

Weidenschloss

Ein ganz besonderer Ort im Gesundheitspark Speckenbüttel ist das Weidenschloss. Ein Schweizer Aktionskünstler wollte ein lebendiges Bauwerk schaffen, das für jedermann jederzeit zugänglich sein sollte. Mithilfe des Bremerhavener Gartenbauamtes und 300 freiwilligen Helfern gelang es 2003, in nur vier Wochen eines der größten Lebendbauwerke Deutschlands zu vollenden. Die Daten sind beeindruckend: Durchmesser 22 Meter, Höhe der Kuppel 12 Meter, 320 Quadratmeter umbaute Fläche und 350 Kubikmeter Weidenstämme als Baumaterial. An heißen Sommertagen ist es ein kühler, schattiger Raum und das ganze Jahr über ein Platz zum Entspannen, Träumen und Meditieren. Und natürlich ein Ort für Feste und Veranstaltungen, die der Verein Weidenschloss Bremerhaven organisiert.

Info

Lage: Parkstraße / Wurster Straße, 27580 Bremerhaven

Einkehren:

- Haus am See: Wirtshaus, Biergarten, Bootsverleih; Marschenhausweg 3, 27580 Bremerhaven, Speckenbütteler Park, *ha-see.de*

Website: *weidenschloss-ev.de*

43 Thieles Garten

UNGEWÖHNLICHE SKULPTUREN UND EXOTISCHE PFLANZEN

In einem unscheinbaren Vorort von Bremerhaven liegt das Vermächtnis der Thiele-Familie, die mehr als 40 Jahre lang all ihre Energie und ihr Geld in dieses Gesamtkunstwerk gesteckt hat. Der gesamte Park ist eine urwüchsige Oase und eine märchenhafte Idylle, vor rund 100 Jahren aus den Sehnsüchten eines Künstlertrios entstanden und bis heute ein wenig bekanntes Kulturdenkmal.

Der Lageplan am Eingang zu Thieles Garten macht neugierig. Zwischen den verschlungenen Wegen und den Teichen sind die Skulpturen mit roten Punkten markiert. Die Thieles haben ihre Werke mystisch-mythologisch Adonis, Waldschrat, Gnom, Pan, Daphne, Sonnenanbeterin oder Geburt der Venus genannt, aber auch ganz profan Fußballer, Tänzerinnen, die Sitzende oder Ringer. Insgesamt haben sie in dem 19.000 Quadratmeter großen Park 50 Skulpturen platziert. Einige sind in dem üppig sprießenden Grün kaum zu sehen, andere wurden mit Teichen, Brunnen, Podesten, Säulen und Tempelfragmenten in Szene gesetzt.

Pavillon

1923 kauften die Brüder Georg (1886–1968) und Gustav (1877–1969) Thiele in Leherheide nördlich von Bremerhaven 6000 Quadratmeter Land. Hier wollten sie zusammen mit ihrem ältesten Bruder einen Bauernhof aufbauen. Doch für Ackerbau und Viehzucht hatten sie kein glückliches Händchen und gaben sie deshalb bald wieder auf. Sie alle hatten schon früh künstlerisches Talent gezeigt und waren, zusammen mit dem Vater, ziemlich erfolgreich als Friesenknabenkapelle aufgetreten. Georg und Gustav hatten schon als Kinder Scherenschnitte angefertigt und Holzfiguren geschnitzt und wollten Künstler werden, Georg Maler und Gustav Bildhauer.

Gnom

Um 1925 fingen die Brüder an, ihr Stück Land in eine Fantasielandschaft zu verwandeln. Sie pflanzten Büsche, Bäume und Stauden, darunter einige Exoten, die noch heute dort wachsen. Ihr Wohnhaus verwandelte sich mit viel Eigeninitiative in einen kleinen maurischen Palast, nahebei entstand eine Moorkate als Atelier und Gästehaus. Für Skulpturen aus Marmor und Bronze fehlte ihnen das Geld, also formten sie ein Gerüst aus Draht, füllten es mit kleinen Ziegelsteinen und Mörtel und überzogen es mit Zement. Mit weißer und bronzener Farbe waren die Marmor- und Bronzeimitate dann fertig.

Eine junge Frau aus der Nachbarschaft, Grete Itzen (1905–1990), stand für zahlreiche Skulpturen Modell, 1929 heirateten Georg und Grete. Nach dem Zweiten Weltkrieg besuchte Grete Thiele die Kunstschule in Bremen und profilierte sich als Malerin. Ihre Landschaften und Porträts brachten genügend Geld ein, dass alle weiter am Ausbau des inzwischen auf 19.000 Quadratmeter vergrößerten Gartens arbeiten konnten.

Nach dem Tod der beiden Brüder musste Grete Thiele den Park schließen und das Gesamtkunstwerk verfiel. 1985 kaufte die Stadt Bremen das Grundstück und ließ Skulpturen und Gebäude sanieren. 1990 wurde Thieles Garten wiedereröffnet und dient seitdem, betreut durch einen Förderverein, auch als Veranstaltungsort für Konzerte, Lesungen und Ausstellungen.

Geburt der Venus

Lage: Mecklenburger Weg 100, 27578 Bremerhaven

Info

Einkehren:

- Brötchengeber: Im Bistro arbeiten Menschen mit und ohne Behinderung gemeinsam. Backwaren, Frühstück, Mittagstisch; Adolf-Kolping-Straße 24, 27578 Bremerhaven, *lebenshilfe-bhv.de/dienstleistungen/broetchengeber*

Website: *thieles-garten.de*

HINWEISE:

- Der Garten kann, samt Catering, für Familienfeiern und Hochzeiten gemietet werden.
- Der Förderverein Thieles Garten organisiert vielfältige Veranstaltungen, siehe Website.

44 Schaufenster Fischereihafen

ZIEL FÜR FISCHLIEBHABER

Der bunt gekachelte, kubische Pavillon der Touristeninformation weist den Weg zum Schaufenster Fischereihafen in Bremerhaven. Rund um das Hafenbecken dreht sich alles um Fisch – vom Fischbrötchen bis zum Fischrestaurant mit gehobenen Preisen, von der Fischräucherei über die Hafenrundfahrt bis zum Museumstrawler.

Der Fischereihafen Geestemünde entstand 1896 und entwickelte sich zum größten Hafen für Hochseefischerei auf dem europäischen Kontinent. Am Kai wurde die kostbare Fracht gelöscht, anschließend versteigert und gleich in den Packhallen verarbeitet oder verladen und ins Binnenland gebracht. Am Kohlenkai gleich nebenan konnte der Treibstoff für die nächste Fangreise gebunkert werden. Ende der 1980er-Jahre verlagerte sich das Hauptgeschäft mit dem Fisch allerdings immer mehr zum neuen Fischereihafen 2, der alte wurde überflüssig und immer mehr Produktionsstätten standen leer.

Shopping- und Restaurantmeile

Die Idee, aus diesem weitgehend ungenutzten Areal ein touristisches Angebot zu machen, wurde in den 1990er-Jahren mit dem Schaufenster Fischereihafen verwirklicht. Mittlerweile kommen alljährlich 500.000 Besucher zum Hafenbecken des Fischereihafens 1 und zum Marktplatz. Markantes Herzstück bildet die alte Packhalle Nummer IV von 1907, die nach gründlicher Sanierung – unter Beibehaltung ihres historischen Ambientes – in eine Shopping- und Restaurantmeile umgewandelt wurde. Hier ist Fiedlers Fischmarkt Anno 1906 immer einen Blick wert, denn hier bekommt man wirklich alles, vom frischen Fisch über Räucherfisch bis zur Krabbensuppe in der Dose.

Frischer Fisch

Jenseits des Marktplatzes liegt der Fischbahnhof, eine gelungene Mischung aus historischer Bausubstanz und modernen Anbauten. Der Fischbahnhof beherbergt Cafés und Restaurants, aber auch das Theater im Fischereihafen und das Seefischkochstudio. Dieses ist bekannt für seine Kochshows, in denen der Fisch auch schon mal exotisch zubereitet wird. Beim anschließenden Buffet kann jeder dann für sich urteilen, was ihm schmeckt. Und auch bei den Kochkursen dreht sich natürlich alles um Fisch und seine perfekte Zubereitung.

Eine weitere Bremerhavener Institution ist Frankes Räucherei. Das Gebäude wurde nicht aufgehübscht, hier zählen die inneren Werte. Schon die Nase sagt einem beim Betreten der Verkaufsräume mit den schwarzen Öfen, dass der Räucherfisch von Franke immer frisch und einfach phänomenal lecker ist. Seit jeher ein Bestseller ist Frankes Kiste mit verschiedenen Räucherfisch-Spezialitäten.

Alles für Fischliebhaber

Auf den Stufen zum Hafenbecken kann man sein Fischbrötchen essen und überlegen, ob man eine Hafenrundfahrt mit der „Dorsch“ macht oder doch lieber das Museumsschiff „Gera“ besichtigt. Einen weiteren Blickfang bietet das moderne Hotel am Fischkai, das auf Stelzen teilweise über dem Wasser errichtet wurde und perfekt zu dem Mix aus Alt und Neu am Schaufenster Fischereihafen passt. Und auch für Familien mit experimentierfreudigem Nachwuchs bietet das Schaufenster mit dem Phänomenta unweit vom Hotel ein lohnendes Ziel.

Räucherfisch

Info

Lage: Am Schaufenster, 27572 Bremerhaven

Weitere Aktivitäten:

- Museumsschiff „FMS Gera": Ausstellungen im Netz- und Fischladeraum informieren über Fangtechnik, Einsatzgebiete und die gefangenen Seefischarten. Außerdem fünf Multimedia-Stationen; *museumsschiff-gera.de*
- Theater im Fischereihafen: Am Schaufenster 6, 27572 Bremerhaven, *tif-bremerhaven.de*
- Phänomenta: Hoebelstraße 24, 27572 Bremerhaven, *phaenomenta-bremerhaven.de*

Einkaufen:

- Fischräucherei Franke: Am Pumpwerk 2, 27572 Bremerhaven, *fisch-franke.de*
- Fiedlers Fischmarkt: An der Packhalle IV 34, 27572 Bremerhaven, *fiedlers-fischmarkt.de*

Websites:

- *schaufenster-fischereihafen.de*
- *fischbahnhof.com*

HINWEIS: Regelmäßig gibt es Veranstaltungen wie Bauernmärkte, Konzerte oder Freiluftkino sowie allerlei weiteren Themen rund um den Fisch.

45 St. Marien in Loxstedt

DER LOXSTEDTER TOTENTANZ

Nur wenige Jahre nach der endgültigen Fertigstellung der Kirche, wahrscheinlich um 1455, wurden die drei Mitteljoche des Deckengewölbes mit biblischen Szenen und Darstellungen ausgemalt. Die Malereien wurden später mit Kalk übertüncht, erst 1910 wiederentdeckt und bis heute mehrfach restauriert.

In den 1370er-Jahren, rund 20 Jahre nach der großen Pestepidemie in Europa, wird auf einem Hügel in Loxstedt eine Kapelle im gotischen Stil aus gebrannten Ziegeln mit drei Kreuzgewölben errichtet. Um 1450 wird die Kirche auf ihre heutige Größe erweitert. Ihr einmaliger kunsthistorischer Schatz sind die Kalkmalereien im Innenraum.

Die Bilder im westlichen Joch zeigen einen Pestzyklus, den Loxstedter Totentanz. Der Tod wird als ein mit Haut überzogenes Skelett eines Sensenmannes dargestellt. In seinem Bauch und auf der Brust sitzen Kröten, Schlangen winden sich um seine Arme und Beine und schauen aus seinen Augen. Das Spruchband lautet: „O Mensch auf dieser Erde, was ich nun bin, das musst du werden."

Der Tod wird flankiert von einem elegant gekleideten, höfischen Paar, das sagt: „Lust und Fröhlichkeit begehrte ich auf dieser Erde." Gegenüber dieser Darstellung ist das Bild des heiligen Christophorus, der als wichtigster Nothelfer gegen die Pest galt. Zu beiden Seiten sind weitere Märtyrer der Kirche abgebildet, die helfen sollten, die Pest zu überwinden.

Das mittlere Joch zeigt das Jüngste Gericht. Zu sehen sind die zur Hölle Verurteilten und die, die Aufnahme im Himmel finden. Die Bilder im östlichen Joch zeigen den Stammbaum Jesu, die Anbetung der Könige an der Krippe, die Erschaffung des Menschen und die Vertreibung aus dem Paradies sowie den Kampf des heiligen Georg mit dem Drachen.

St. Marien

Lage:
Kirchenstraße 1 A, 27612 Loxstedt
Website:
www.kirchengemeinde-loxstedt.de

Info

Das kleine Wörterbuch

Schaufenster Fischereihafen mit Museumsschiff „Gera"

Das kleine Wörterbuch

A

Achtertrüchbremspedder – Rücktrittbremse
Auf den Swutsch gehen – ausgehen

B

Bangbüx – Angsthase
Batz – Spaten
Beerbuddelopenmokermaschin – Flaschenöffner
Berme – Viehtränke
Bibbermann – Götterspeise
Blagen – nervige Kinder
Brodpann – Bratpfanne
Buddel – Flasche
Büddel – Beutel
Butscher – Junge
Butschern – draußen spielen
Büx – Hose

C

Cuxhoven – Cuxhaven

D

Daddeldu – Feierabend
Dösig – dumm, ungeschickt
Driffels – Strandgut
Drömelig – langsam
Dummtüch – Unsinn

E

Eiken – Eiche

F

Feudel – Wischmopp
Fischkopp – Norddeutscher
Fick – Hosentasche
Figgelinsch – kompliziert
Fletscher –Zwille
Fleutjepiepen – Pustekuchen
Funzel – Taschenlampe
Füünsch – wütende

G

Gallern – stark regnen
Gnaddelig – schlecht gelaunt
Gassengött – Gerstengrütze

H

Hamm – Weide
Handuhl – Handfeger
Heusnööf – Heuschnupfen
Hölpen – unbeholfen
Hooberngrütt – Hafergrütze

K

Kaffeemöhl – Kaffemühle
Katteker – Eichhörnchen
Kerl – Mann
Klamüsern – durchdenken
Klönen – reden
Klönschnack – Plauderei
Kluven – klauben
Knoot – Krabben
Kokpott – Kochtopf
Kreihenblomen – Stiefmütterchen
Krüsch – wählerisch
Kwiekebüdel – Zeihharmonika

L

Luschern – heimlich hinschauen, spicken

M

Moin – Guten Morgen, Tag, **Abend**
Muksch – beleidigt

N

Naschis – Süßigkeiten
Nietenbüx – Jeans

O

Ooltjohrsobend – Silvester

P

Paddemann – Toilette
Piefig – spießig
Pliern – blinzeln
Plietsch – clever, schlau
Plüschmors – Hummel
Pütt – Pfütze

R

Reit – Schilf

S

Schanneweert – schändlich
Schietweer – Mistwetter
Schmuttool – Räucheraal
Schnacken – reden
Schnökern – naschen
Schnüstern – suchen, stöbern
Schnutjern – küssen
Strandlöper – Strandgut-sammler

T

Töffel – ungeschickter Mensch
Tüddelkram – Kleinzeug
Tüern – dummes Zeug reden
Tünnern – abflammen

V

Verdödeln – vergessen
Visiten – besuchen

W

Wicheln – Weide
Wruckn – hart arbeiten

Ottendorf

Register

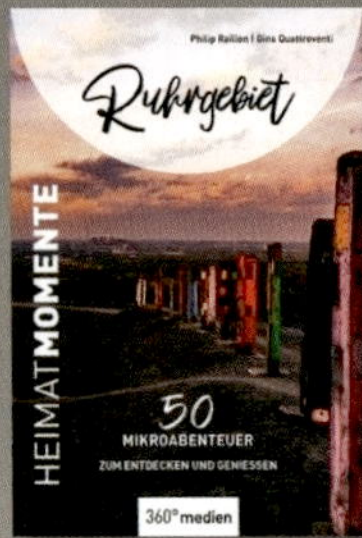

Gina Quattroventi,
Philip Raillon
ISBN 978-3-96855-301-6
Preis 16,95 €

In der Reihe sind u. a. bisher erschienen:

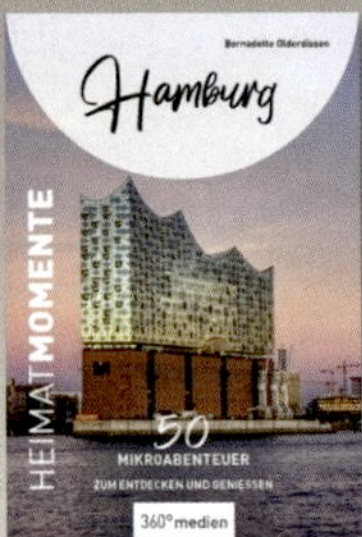

Bernadette Olderdissen
ISBN 978-3-96855-071-8
Preis 14,95 €

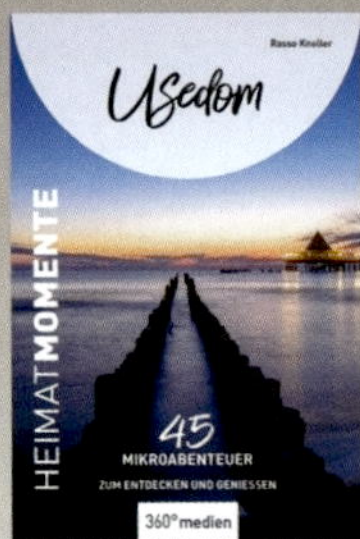

Rasso Knoller
ISBN 978-3-96855-266-8
Preis 16,95 €

Anke Fietzek
ISBN 978-3-96855-075-6
Preis 14,95 €

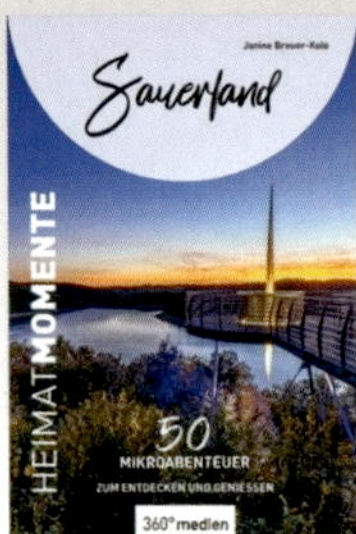

Janine Breuer-Kolo
ISBN 978-3-96855-079-4
Preis 16,95

In der Reihe sind u. a. bisher erschienen:

Laura Kaiser,
Christoph Schaarschmidt
ISBN 978-3-96855-308-5
Preis 16,95 €

Nicola de Paoli
ISBN 978-3-96855-293-4
Preis 16,95 €

Carsten Heinke
ISBN 978-3-96855-299-6
Preis 16,95 €

John Sykes
ISBN 978-3-96855-310-8
Preis 16,95 €

Ulrich Rosenbaum
ISBN 978-3-96855-249-1
Preis 16,95 €

Bildnachweis:

Alle Bilder von Christian Nowak, außer: AdobeStock_423088265 Cover | Aeronauticumsp CC BY 3.0 S. 18o | Ajepbah Wikimedia Commons S. 173 | Andorado, CC BY-SA 3.0 S. 22 | Clic CC BY-SA 4.0 S. 68 | Dguendel CC BY 3.0 S. 17 | Florian Trykowski S. 221 | GeoTrinity CC BY-SA 3.0 S. 21 | Hajotthu CC BY-SA 3.0 S. 98u | Husky22 CC BY-SA 4.0 S. 198o | Kamusal Alan CC0 S. 19u | Lotte76 CC BY-SA 4.0 S. 20 | Maps4news S. 24, 25, 29, 63, 103, 135, 159, 195, 217 | Minmal CC BY-SA 4.0 S. 197 | Ra Boe Wikipedia CC BY-SA 3.0 DE S. 50, 191, 196, 198u | Rufus46 CC BY-SA 3.0 S. 77o | Tuxyso Wikimedia Commons S. 38 | Tvabutzku1234 CC0 S. 144 | Wolfgang Pehlemann CC BY-SA 3.0 S. 19o